本书得到教育部人文社会科学研究规划基金一般项目"转型期乡村社会集体行动研究"（17YJA840008）出版资助

九州文库

社会叙事与地方治理研究

转型期乡村社会的集体行动

李正东 著

九州出版社
JIUZHOUPRESS

图书在版编目（CIP）数据

社会叙事与地方治理研究：转型期乡村社会的集体
行动／李正东著 . -- 北京：九州出版社，2022.7
ISBN 978-7-5225-1003-3

Ⅰ . ①社… Ⅱ . ①李… Ⅲ . ①乡村—社会管理—研究
—中国 Ⅳ . ①D638

中国版本图书馆 CIP 数据核字（2022）第 104675 号

社会叙事与地方治理研究：转型期乡村社会的集体行动

作　　者　李正东　著
责任编辑　蒋运华
出版发行　九州出版社
地　　址　北京市西城区阜外大街甲 35 号（100037）
发行电话　（010）68992190/3/5/6
网　　址　www.jiuzhoupress.com
印　　刷　唐山才智印刷有限公司
开　　本　710 毫米×1000 毫米　16 开
印　　张　13.5
字　　数　150 千字
版　　次　2023 年 1 月第 1 版
印　　次　2023 年 1 月第 1 次印刷
书　　号　ISBN 978-7-5225-1003-3
定　　价　95.00 元

谨以此书纪念费孝通先生

在实地调查中才理解到一个社区中众人初看时似乎是纷杂的活动，事实上都按着一套相关的各种行为模式而行动的。社会学中国化其实就是社会学的主要任务，目的是在讲清楚中国社会是个什么样的社会。当然我们说明中国社会是个什么样的社会，科学的方法只有实地观察，那就是社区调查。

只有从每个社区它特有的具体条件而形成的社会结构出发，不同的社区才能相互比较。在相互比较中才能看出同类社区的差别，而从各社区具体条件去找差别的原因，进一步能看到社区发展和变动的规律，进入理论的领域。这种社区研究是以农民自己创造的社会结构出发，分析这种结构形成的过程，它所具有的特点，并看出其发展的前景。……这种认识，使我最近强调社区研究必须提高一步，不仅需看到社会结构，而且还需要看到人……在我们中国世世代代这么多人群居住在这块土地上，经历了这样长的历史，在人和人中和位育的古训指导下应该有丰富的经验。这些经验不仅保留在前人保留的文书中，而且还应当保存在当前人的相处的现实生活中。

——费孝通（1998：333，335，336，344，347）

中国地图

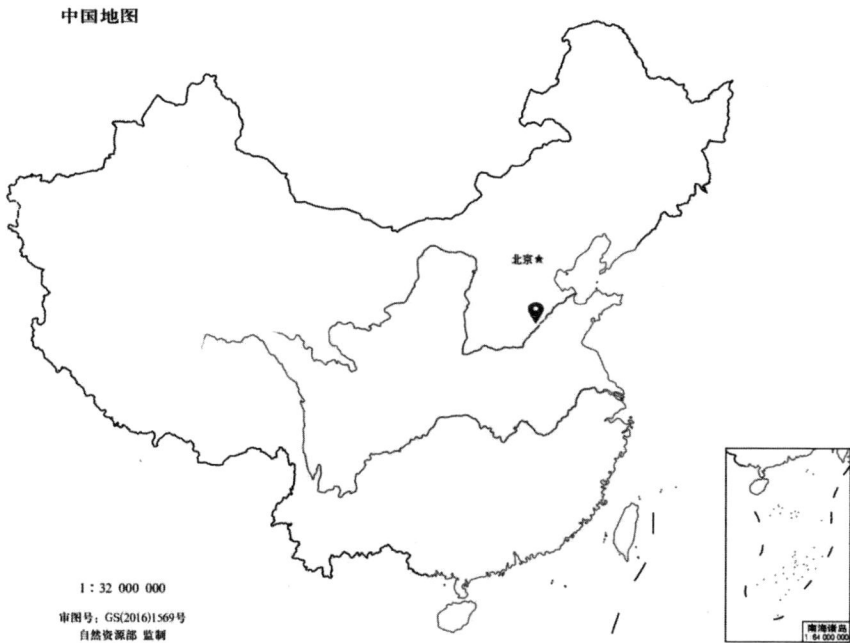

1 : 32 000 000
审图号：GS(2016)1569号
自然资源部 监制

图1　实地调查地点河村在中国的地理位置

资料来源：自然资源部测绘数据服务（标准地图服务）http：//bzdt. ch. mnr.

gov. cn/browse. html？picId＝%224028b0625501ad13015501ad2bfc0009%22

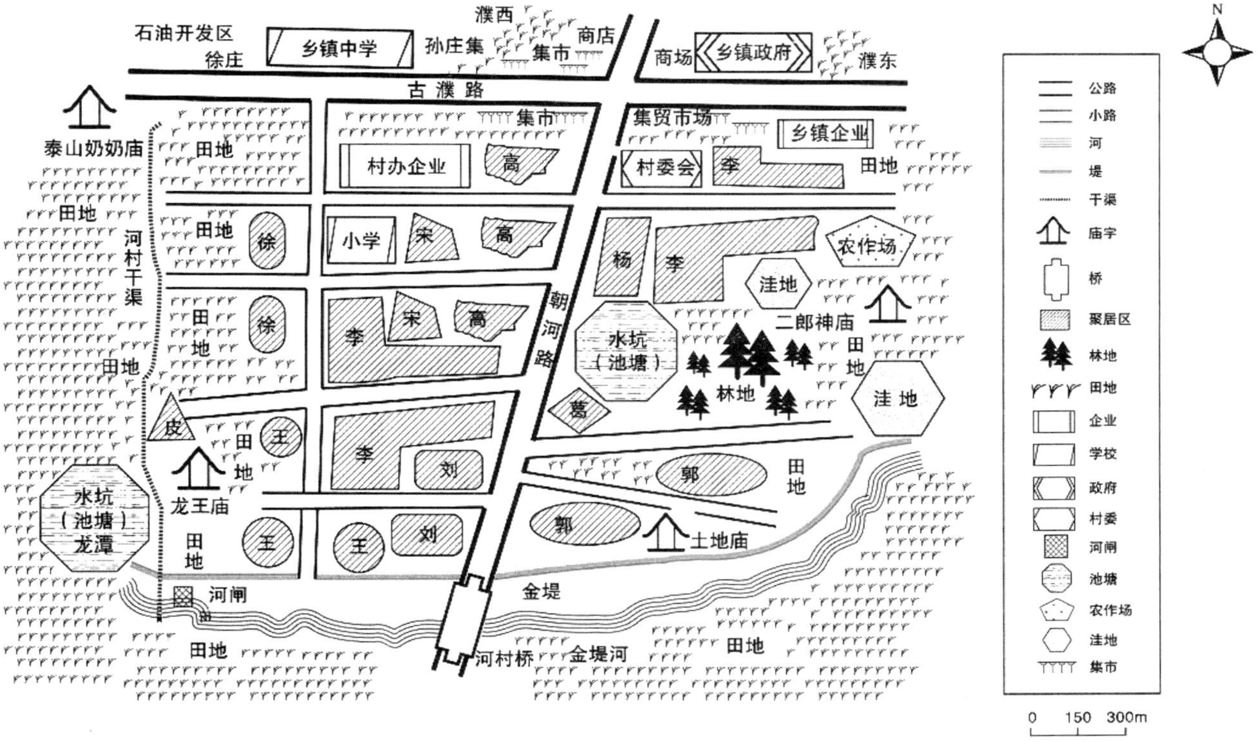

图 2 实地调查地点河村的聚落空间布局
资料来源：作者绘制

序言

乡土情理，家国天下

  1978—1987 年，在改革开放史上是一个过渡特征明显的时间段。在很多人的印象中，在此阶段，持续近 20 年的人民公社制度迅速瓦解，中国农民随即选择了家庭联产承包责任制，于是粮食增产和农民收入增长随之发生，国家力量淡出之后，村社传统自然复兴，这种调整和适应似乎是一夜之间完成的，集体行动也是自然发生的。这种理解和阐释方式实际上是对哈耶克自发秩序思想的朴素应用，这或许是宏观经济社会史中流传最广、也最容易为人所接受的观念之一。

  然而，这种宏大粗疏的历史叙事和纯粹经济解释显然不能满足本书作者探究事物本源的好奇心。作者的疑问是：国家退却之后，乡民的集体行动何以可能？正是这看似平常的一问，将我们带入那个熟悉、陌生而又隐秘的乡土世界。

一

  作者深受开启"乡土中国"研究先河并集其大成的费孝通先生

的影响，本书的主题选择、行文风格、研究方法和叙事方式，几乎都可见到费老的影响和印记，但这种"仿似"并不妨碍作者提出自己的创见，恰恰体现了一位青年学者高远的学术抱负和自我期许。

实地调查和经验研究素来为费孝通先生所推崇，他不但终生践行，晚年还在《从实求知录》中以"从实求知"总结自己的学术追求。所以，他很难赞同艾德蒙·里奇（Edmund Leach）所提倡的"人类学是纯粹的智慧演习""价值中立的社会学"（value-free sociology）等思想观点。这种实践导向、学以致用的学术旨趣，与明清以来的实学思想实际上是一脉相承的。对某一个案和类群进行田野调查是费孝通先生经常采用的方法，他在对内蒙古鄂伦春族和黑龙江赫哲族的生存文化考察中，以小而见大，看到了现代人或后工业化人类面临的共同问题，从而提出了"文化自觉论"。瑰丽、富有魔力的想象与田野书写的独有美感，强烈地吸引着本书作者，引导着作者与理论、经验、现实以及更广阔的历史展开对话。

本书作者对研究主题和研究方法的选择，正是对费孝通先生学术思想和旨归的践行，作者将目光投向自己生于斯、长于斯的故土，以口述史的方式和客观犀利的笔触剖析了一个华北村落河村的集体行动逻辑及其背后的意义世界，通过对河村这个具象的切身体验和深入观察，在不断求证中，总结提炼出某些超越具体实践的普遍性观念和思想，让人耳目一新，却又觉得在情理之中。

二

作者以河村作为研究对象，考察了人民公社制度解体之后集体化农事耕作的组织方式。集体行动何以可能？其动员方式是什么？

集体行动的逻辑及其背后的文化指向是什么？这一系列提问，仅凭简单的经验和感觉，是无法完满解答的，只有通过田野调查，深入乡民的内心和日常生活，才能触摸到被时代所忽视以致漠视的乡土社会沉沉跳动的脉搏，才能找到解答这些问题的线索。

作者发现，国家强制力量退却之后，家庭联产承包责任制的推行，也导致了家庭个体化农耕生活的困难，正是"过日子"的生存文化和日常生活实践，产生了对集体行动的需求。传统的结构性选择和理性选择学说，在应用于解释中国农民的集体行动时，遭遇诸多困难。因此作者另辟蹊径，提出了日常生活实践这一新的视角，从而实现了对"自上而下"（国家中心论）和"自下而上"（日常生活自主论）的两种视角的均衡和整合，日常生活实践中的集体行动，在路径依赖和路径创造中，展现出理性行动与结构行动相互交融的特征。这种视角本身已经预示了在国家与村社农民之间存在复杂的互动关系，在我看来，日常生活实践视角是一种回归本原的、非植入性的、切近本土学术传统的观察方式，与对发展型国家理论作出重要贡献的 Peter Evans 的"嵌入式自治"思想有异曲同工之妙。

河村固然有着自身独特的地方性文化，但从纵向角度看，这种文化是经过长期的历史性演变并不断积淀的结果，从横向角度看，时代正以其自身特有的方式塑造、打磨着河村。于是作者不吝笔墨，以"大历史"的眼光观照河村的区域方位、历史演变、文化传承及生态背景，这是理解河村地方性文化、乡民们的性格和日常生活实践逻辑的一把钥匙。然后，作者将目光投向时代巨变下的河村：国家退却之后，社会自主性空间在扩张，生产队解体之后村民的日常

3

生活以及农业耕作却陷入了困境，于是村民们求助于拉帮结伙式的非正式合作，但基于家族关系的传统互助行为难以应对资源分散和集体合作解体所带来的挑战，村民们产生了在更大范围进行集体行动的需求。

作者重点关注的是水会组建过程中所展现出来的集体行动逻辑。最初水会的组建很大程度上依托于家族，其组织化动力来自村社精英，村社精英的动员方式被作者归纳为：毛泽东信仰中的认同、"造福后代"以及家族情感的渲染。产生了共识之后，村民充分利用街头这个极具公共象征意义的公共空间，来进行参与式集体决策。作者的挖掘并未就此停止，从水会集体决策的方式和过程中呈现出来的道义性和民主决策的集体主义表象中，作者看到了背后的深层次家庭伦理文化因素，发现河村水会不仅是家族基础上再组织化的社群形态，而且很大程度上又是家族弱化的结果。传统文化的延续和再造，不经意间已在乡民们的手中完成，文化的价值意义和工具意义实现了很好的统合。河村水会集体决策背后所援引的一套"我为人人，人人为我"等的规则说辞，体现了一种"乡土情理"和"互惠关系"，展现了乡民们对人与社会关系、社会与国家关系的规范化处置逻辑。集体主义与个人主义统合为一，对立和矛盾消弭了，用来自中国文化深层结构的"和谐主义"来描述乡民的行动逻辑再恰当不过了。

作者进一步通过河村边界水事的处理，来观察集体行动的多种面向。首先是社区权威具有可操作性，权威的产生是社会选择的结果，权威对民众的态度和行动发挥着导向作用，但又是民众在操作着和培植着权威。挖掘权威获得的背后深层次逻辑，实际上与乡村情理社会中的关系运作与资源支配有关。其次是民众对权威的操作，涉及乡村民众的生存机制，由此所产生的集体行动实际上蕴涵了一种面向集体福利的民间福利模式，其文化指向仍然是和谐主义。再次是从集体行动的地缘政治面向来看，其实质是村落之间获取资源与利益的权力斗争，从河村的地方经验中，作者概括出地缘政治中的三种关系模式：权力、市场和祭祀中心圈，三种关系模式均呈现出"由内到外，由强至弱"的权力与利益谱系，与"差序格局"的圈层逻辑类似。复次是传统的精英生产模式很难概括河村的社区精英形成和生产过程，作者将其归类为"精英复制"的生产模式。最后集体行动实践表明国家与社会或农民之间存在复杂的双向互动关系，乡村社会排斥或对抗国家权力在地方社会的渗透，但在寻求利益和资源分配的集体行动中，却又借助国家力量实现目标。国家被迫或采用理性的民间治理方式来治理乡村地方社会（包括将社区精英和民间权威纳入体制、民间集体行动动员和组织方式被国家采用等）。

很明显，在散乱的、不经意发生的日常生活事件背后，存在着隐秘的甚至不为村民们所觉察的秩序，作者以确凿的经验证据和严密的逻辑推理，向我们展现了河村乡民集体行动的逻辑和几乎所有可能的面向，揭示出乡民们面对时代巨变所做出的选择及重构意义世界的种种努力。

三

河村或许只是时代浪潮中的一叶，但它本身却是时代的一个缩影。在社会制度急遽变迁的冲击下，家族意识的传统复兴了，但这种复兴并非向家国传统的复归，而且在短暂持续了一段时间之后，即被国家的制度化改造所打断。商品化、市场化意识形态向农村的扩张和入侵，家族意识的淡化，维系集体认同感的仪式体系的式微，人口的加剧流动，都在从根底上动摇着传统家国文化的基础。河村乡民的集体行动，所能动员的传统文化资源存量实际是不断减少的，不惟如此，当中国更加深入地参与全球化运动时，农村以致整个中国都面临着这种"现代性焦虑"。

当以家国天下为传统的中国人逐渐远离甚至失去这一传统，乡愁或许会成为几代中国人挥之不去的心结。

是为序。

宋宗宏

2021 年 12 月于广州

目 录
CONTENTS

导言　乡土中国的不朽传统与时代叙事的历史书写

这就是我说过的，社会和文化可以使人"不朽"。像唐朝的诗人李白，他作为一个人，他的生物性决定了他必然会逝去，但他的诗作，连同他的诗的风格，都保存在各种文献中。李白是一个具有有限生命的"人"，而他的诗和诗的风格，则是"文化"，"人"是会消失的，但"文化"保留下来了，社会长存，文化不死，创造文化的人也就"不朽"了。

——费孝通（2004：1—9）

卷首开篇的第一句话，我想用"乡土中国的不朽者"作为对费孝通先生的怀念。"社会和文化可以使人'不朽'"，这是费老临近谢幕时讲述的一句话。从另外一个角度来看，正是费孝通先生的《江村经济》《乡土中国》《生育制度》《禄村农田》《乡土重建》等一部部著作，让我们中国的社会和文化得以在"差序格局"的理论镜像中绵续"不朽"，让我们中国的社会和文化在"社区研究"的方法指南下继替"长存"。

角度再转回来，毋庸置疑，作为大师的费孝通先生正是创造文化的人，正是我们中国社会和文化的"不朽者"。

费孝通先生史诗般的人生记录了中国近一个世纪的磨难与变迁。他的侠骨柔肠和书生意气、志在富民和天下大同，书写了中国知识分子的高尚品格和社会良知。他的"江村"叙述和结构描写、"乡土"概念和比较阐释，开拓了中国社区研究里程碑和本土化。其实，费孝通先生也是"诗人"，他的"诗作"和"诗作的风格"成为中国社会学、人类学和世界社会学、人类学的一部分而被永远地保留下来。用王铭铭先生的话来讲，就是："费孝通先生以他的激情，回应了一个时代，以他的书写，留下了他的脚印。"[①]

可以说，我正是踏寻费孝通先生的脚印，一步一步走进了社会

①　王铭铭：《从江村到禄村：青年费孝通的"心史"》，《书城》2007 年第 1 期。

学和人类学的家园。在费孝通先生九十岁的时候，我只有二十岁。也正是在这 1999 年，我获得了费孝通先生亲笔签有"费孝通，九十岁"的一套由群言出版社出版的十四卷本的《费孝通文集》。那时起，我怀着一颗高山仰止和顶礼膜拜的心，开始了"乡土中国"的阅读。在阅读中，我体验到了社会学想象的极致魔力与田野书写的独有美感。阅读费老，让我在日常生活的好奇与洞察中，开启了去发现社会和文化的旅行。费孝通先生"推己及人"还给了我立身处世启蒙之外的学术启蒙，让我学会了对话。不仅和自己对话，还要和他人对话。不仅和生活对话，还要和理想对话。不仅和理论对话，还要和经验对话。不仅要和现实对话，还要和历史对话。在对话中，像诗人一样推敲、凝练认识和解释社会生活世界的概念。

　　费孝通先生，作为中国社会和文化的"不朽者"，撒播下无数颗"社会长存，文化不死"的种子。本书孕育于 20 年以前的一项研究计划，所使用资料来自 2002 年开始至今的田野调查。2002 年 5 月至2005 年 4 月，我在华北河村进行了初次的田野作业。2005 年 4 月 24日，这一天我终生铭记。这一天，我从田野纷杂且凌乱的资料中完成了本书的田野笔记，当夜却获知费孝通先生驾鹤仙去的消息。一个思想者成为一尊永恒的塑像！我悲痛地在本书的田野笔记手稿扉页上写下了"谨以此文悼念费孝通先生"这样一句刻有历史印记的内心表达。在本书出版之际，我将这句话改为了"谨以此书纪念费孝通先生"。"一个思想者肉身的寂灭，却也将思想者的精神圣化"①，我想凭借出版的这本书表达我和我们这一代对费老的诚敬之

---

　　① 朱国华：《权力的文化逻辑》，上海三联书店 2004 年版，第 1 页。

心和轸念殊深之情。费孝通先生的学术思想和精神空间，正如大海
中永立的灯塔，占据了中国社会学和人类学永久性的位置。本书也
正是向着永立的灯塔，铭恩于甘棠遗爱，羊碑犹泣，化作成浸满尘
土的一滴水，汇聚于费老所开拓倡导的没有边际的学术之海。

　　突然想起王铭铭先生对于"知道分子"的有趣解读，我也突然
顿悟我所"书写"的不就是"读书"和"田野"交融的结果吗？当
然，也正是在读书中我学会模仿着去做研究、模仿着去创作，从而
使自己也成为"知道分子"。从这个意义上，本书的确也是一部模仿
之作。最开始，我为这种再现社会生活独有的叙事方式而着迷，并
意识到寻找文字所记录的故事的背后才是知识得以呈现的魅力。简
单来说，田野研究需要学会讲故事，需要学会阐释故事中的知识。
这也算是我选择的第一个模仿。阎云翔先生说过："合格的人类学家
应是个优秀的讲述者，合格的民族志必须是优秀的叙事文本。"① 显
然，我的第一个模仿并没有成功，我的故事似乎远不够精彩。可以
肯定的是，这与我缺乏深入的直接体验有关。同样，田野作业是发
现社会生活的奥妙和隐藏的秘密最有力的工具。这也是我着迷的另
外一点。按照阎云翔先生的理解，优秀的民族志在于理论分析与经
验事实的描述之间的水乳交融。从中，我不仅意识到撰写民族志需
要深度描写的魔力，也意识到需要概念提炼的功力，这两个力是一
个整体。毋庸讳言，按照黄宗智先生的标准，我第二个模仿也没有
成功。尽管本书拘囿于自身的专业知识训练，但我愿意认识到这些

---

① 阎云翔：《礼物的流动：一个中国村庄中的互惠原则与社会网络》，上海人民出版社
2000 年版，中文版自序。

存在的不足，我更愿意将此视为今后逾越窠臼的阶梯。

因此，我在决定将自己努力的研究成果呈示于读者之际，感到本书还有很多的缺憾。这也是在自我披露之后向读者致以歉意的地方。也许我的心境正如哈耶克先生所要表达的："任务所设定的目标越高，实施此任务的不尽人意之处也就越多，这或许是无可避免的。"① 如果可以，我想修改或重写自己的这本书。也许，我的这种想法，很多作者都有。谢冕先生就曾说过，坚持书作原本的样子，因为人生的每一步都是不可修改的历史。种种缺憾，既是历史也是激励，只有留待今后的学术生涯予以弥补了。

呈现在读者面前的这本书，是依照我在一个华北村落田野调查中的口述史资料撰写而成。本书考察了我国改革开放初期乡村的地方性的集体行动，解读了人民公社解体之后集体化时代原有的集体化农事耕作又是如何被加以组织起来的。集体化的终结，是"大包干"分地到户后的结果，却又因之而产生了新的结果。一方面农民的私人生活和公共活动减少了对于国家的组织依附性，另一方面农民却又不得不去适应和面对国家所让渡的社会空间，寻找从公社和生产队独立出来后家庭化的生产。这种时代性变化的同时，乡村社会结构也发生着变化。传统的家族价值观渐渐被激活，家庭合作化的集体行动在那样一个特殊的时期塑造了互助式社会组织，或者称为家庭式合作社群。当然这种塑造，一定意义上可以理解为恢复。然而这种恢复，并没有带来传统价值的崛起，随着村民委员会的全面推行，国家对社会的改造又进入了一个新的时代。这就是本书对

① 哈耶克：《自由秩序原理》，生活·读书·新知三联书店 1997 年版，原著者序。

于中国的一个村庄田野作业之后的发现。

接下来要说明的就是这一发现背后所选择的分析策略。一个根本性的问题则在于叙述、解释和建构之间差异的边界与转换。基于这一点，我选择了叙述性解释和理论性叙述的结合。

本书从不同的角度，对于集体化终结之后的河村，围绕家庭如何应对国家干预急剧减少之后的社会变迁所出现的集体行动给予了地方性书写和解释性阐释。就书面历史的角度而言，本项研究考察了在"集体化时代"迈向结束之后，社群式"集体生活"是如何缺席和重建的。与之相应，本研究则着重从微观口述史的角度，聚焦了"去集体化"之后，农民劳动耕作生活是如何面对现实困境和行为选择的。正是对上述现象的考察和聚焦，本书描绘了河村村民所参与的日常生活实践以及所操演的乡土情理逻辑，并分别从日常生活和生存文化的角度，对"国家收缩"之后水利农事是如何回归集体合作的以及"社会扩展"之后集体行动又是如何产生的中心问题进行了解读探索和分析探讨。

未止于此，本项研究从社会自主性的角度，解释了"社会成长"之后草根民间组织是如何运作以及社会秩序又是如何自发生成的。同时，作为经验性考察，本研究从国家式改造的角度，对"基层政权"之后国家和乡村的关系重构给予了挖掘。意外和打破常规的是，本项研究在公共服务的角度，对"基层管理"之后乡村社会公共物品供给是如何外卷化的现象，提供了初步讨论。

从笔者个人的研究来看，上述角度都是笔者故事叙述和解释分析展开的印象式线索。线索固然不乏观察思考的另面，然不足之处，诸如浮光掠影、蜻蜓点水之论见在所难免。如果进行溯源，本书的行文也将打开宏观与微观、个人与群体、血缘与地缘、国家与社会、结构与冲突以及互动分析的工具箱。在社会学的工具箱中，我们总能找到生活的背面，这似乎是一件永远做不完的事情。

如果说实地研究中切身的体验是理解和分析社区生活最好的工具，那么本书希望秉持这种社会学和人类学融汇的社区研究传统，用一种经验民族志的叙事解释方式，在书面历史和口述历史之间的生活史中，从特定性地方集体行动中的文化意义到地方性特定生存文化中的社会意义，向大家展开来一幅"乡村社会中集体行动的图像"。

公允地说，仅有切身的体验还不够，实地研究中田野知识的建构正是来自反省思考。从文化意义到社会意义，恰恰也是我在田野调查中多次反复和重新思考的结果。

本书的基调是叙述和理解，是关于时代叙事的叙述，也是关于历史书写的理解。应该说，本书围绕人民公社解体后集体化时代的结束，选择了从 1978 年至 1987 年这短短十年的社会切片，并从社会生活的背面看到了历史的另一面。从 1978 年到 1987 年，这十年的社会切片，亦可以理解为那个时代的社会拓片。正是这短短的十年，出现了四次历史震动。1978 年，分土地、包产到户。1983 年，人民公社解体。1984 年，市场体制推行。1987 年，村委会建立。而本书的焦点则是关注时代巨变下乡村民众欢欣鼓舞背后的社会生活，尤其是日常的一面。如此这般的时代叙事，本书提供的叙述方案是经由河村个案，将那个时代下乡村社会民众如何让生活重建，带到本书的叙述中心。

在国家主义下的集体生活瓦解之后，家户单位下的个体生活再次成为社会生活的形式。然而，由于这一改变打破了集体合作化时期组织方式的习惯，却也导致了那个时期民众适应新生活以及重建新生活的历史困局。应该说，欢欣鼓舞，是那个时期乡村民众社会生活的一面。而欢欣鼓舞背后的迷茫困窘，却是他们社会生活的另一面。一个显然的解释，就是历史就像影子一样，总是一个平面，通常也遮蔽了另一面。

概括而言，时代叙事就是集体记忆。集体的社会记忆，仅仅是一种文本化的叙述，并不是解释的工具。历史到底由谁来书写以及书写什么样的事件？且不管这个问题的不同回答，关键之处在于我们如何理解过去的讲述。过去的讲述，则将历史书写重新置放于那个时代，将鲜活的人的气息和生活的味道带回无意识的过去。

河村，作为叙述中心的个案，证明的确如此。在河村，集体化结束后的十年，所发生的生与活的境况以及事实已经成为历史。本书的历史书写，也就成为理解这些事实的文本。明乎此，在时局事件意义的建构中，理论的想象力才尤为显得更为深刻。

从河村到全国，分地到户，已经成为那个时代举国上下积极鼓舞奋进的符号。然而，积极性动员实现之外，分地到户后农家真实的日常生活及体验却有悲情的色彩。那个时代，日常生活也被隐藏在历史新篇章那一时代象征的背后。

有了关于民间日常真实生活的书写，这样的历史才是完整的历史、真实的历史。所有的历史都无法绕过民众日常生活的主体性。

在日常社会生活中，看似纠缠不休、零星重复的东西，却总是卷入时代的论争。1978 至 1987 年，有关这段历史的话题，在田野沉寂的过去中，我总是不禁问，历史书写的整齐一体性与碎片局部性，是否最终导致了时代叙事的双面？

河村的集体记忆告诉我们，水会实质上是互惠共赢同存的生活社群，或者说，亦可理解为共同体。水会既是河村集体行动的最后产品，也是集体行动实现的工具。而集体行动最终的目标，则是实现家户之间水利农耕的合作。进一步而言，水会也就成为河村共有的资源支持乃至集体福利。按照罗伯特·D. 帕特南的理解，集体行动与当地的社会资本存量有着紧密的联系，并且共同合作的基础不是法律而是道德。相形之下，河村个案倒有些许相似。在河村，集体行动选择的背后不能说是理性选择，也不能说是结构选择，而是一种与世世代代承继传统相关联的文化选择。在河村集体化时代结束后的那段时期，农家期望的是渡过灾害危机、生存难关。那么，如何渡过呢？家庭主义式的社会生活传统，浸淫于乡里村间家户百姓的日常生活之中，并构造出独特的乡土情理遗产。有了这个前提，那么行动选择又如何往返于乡土情理呢？在河村村民看来，他们所面对的旱情也好、涝灾也罢，农耕水事不是各家各户的"私事"，而是全村的"公事"。基于乡土情理选择共识性的传统，也自然成为集体行动可行的基础。不管乡土情理作为核心价值，还是作为思维模式，其背后折射的却都是共有的文化惯习。

乡土情理，简略而言，其是乡土社会秩序生态的平衡法则。若用更宽的视界，乡土情理本质上则是反映了这一秩序的生态圈。在生态圈中，"和者生存"，彼此之间保持良好的关系，关乎个人和家庭的福祉，也关乎他们生活于什么样环境以及怎样的未来。在日常的生活中，若是破坏了乡土情理，也就破坏了乡村社会秩序的生态平衡。人们之间的关系维系和恶化，人们之间的行为互动和选择，都在乡土情理的链条之中。市场化、城市化、工业化的扩大与深入，不断改变着乡土情理的生态圈。这也是乡村社会结构变化的必然结果。于此可见，乡村社会结构发生变化的同时，乡村社会的秩序也在变。而今，家庭的个体意识逐渐得以释放，已是不争的事实。现在的问题则是，家庭化小农与市场化小农、道德小农与理性小农之间失衡的风险，已经消弭了原有的乡村社会秩序规则。

那么，乡土情理中的"情理"，在河村被村民感知为"情请、理礼"之事的生活规矩。根据这一意义，可以将乡土情理概括为农家乡民日常生活中"合情合理""有情有礼"的行动准则。情，自然是情感原则。在社会生活中，大家通常依靠血缘家系和地缘社系维系的同家同门同族、同村同乡同地之间的情感相亲，而互惠共处。理，即是逻辑法则，推崇前因后果之间的乡规民约，也可称之为伦理。在传统中国乡土社会，情之理、理之情，是纠缠不清的。因为，理在乡土社会中，主要是公理、道理、天理。刘再复先生常说，中国文化的重心是"合情"，西方文化的重心是"合理"。相区别的是，西方的理指向的是法理。这里需要明确的是，理肯定不等于法。作为天理公理、道理法理、民理乡理的理，也可以被理解为所谓的自然法。现实的逻辑，通常也是先理后法。

事实上，在中国传统社会，"合情合理"关注的是情理背后的关系。自我（个体）之家、广众（集体）之庭，和谐（中庸）之道、共生（众生）之德，就是将混合了儒释道的中华传统文化嵌入中国乡村社会日常生活的道德伦理和关系规范。任何一维都没有极端化，或者可以讲，崇尚道德伦理化社会秩序的社会，没有极端的自私，也没有极端的冷漠。相贯通的是，合情文化、合理文化都有一个不可逾越的边界，亦是不可极端化的。故此，中和位育是然。

正是这一传统遗产在日常生活的实践，在河村个案中，家户村民之间更多的是共同寻找一种可行的方式解决生活持续的困境，而不是过多地看重个体家户生活的私人危机。

我们时常讲天理、国法/王法、家规、人情。这些传统价值，往往存在于中国乡土社会的传统空间，表现为"十里乡俗"，强调的是乡规民约，而非真正意义上的法律。费孝通先生在《乡土中国》中曾有精辟论述。事实上，十里之外不同俗的现象倒也说明了传统乡土社会中国规矩的弹性。

在乡土社会，天经地义的东西，也成了社会秩序的本源。这个本源，在乡土气情理中，不再是抽象的而是具体可以观察把握的。一定意义上，乡土情理也就成为中华文化传统嵌入民众日常生活中的深层结构。列维-斯特劳斯在《忧郁的热带》中也告诉我们，正是结构化的存在规定了社会结构化的形式。

在河村农家村民合作式集体行动的选择中，什么是合理的什么是不合理的，怎么样是合情怎么样是不合情的，也就构成了他们行动选择的标准和合作行动的可能。在河村的日常生活中，乡土情理为人们普遍所认可，应该说它是集体的智慧，也是历史传统演化的产物。进一步讲，这里面隐含了人与人之间关系的处理法则，或者说呈现了儒家文化中与人的本性相符的团结哲学与和谐哲学。

如果把这一"和合"意义延伸至当今社会，我们倒也不免感叹，国家社会治理不仅需要法治，更不能忽略理治。如今乡村社会秩序愈是依靠法治却愈是不能实现法治秩序，这当是这一吊诡之处的最好解释。

中国乡土社会家的传统，往往不断延伸，衍生出家国天下同构一体的同心圆结构。"家国天下"的传统蕴含了"大道之行，天下为公"共有同存、协作共治的普遍价值。简单而言，国民关系是一种协作的关系，而其实现则主要通过血缘共同体和地缘共同体之间的衔接与连续。河村水会，作为中国传统乡土社会"同心圆结构"的产物，是地方水利依赖语境中生存情境下各家各户全民共同参与的原始自治组织。

我们中国世世代代的故乡之感、家园之情，不仅被捆在乡土中国独有的空间之上，也被投射到与传统有关的文化共同体之中。县、乡、村，构成了一种独有的乡土空间纽带。思乡、异乡，熟人、陌生人，都是一种认同心理和身份情感。在传统的乡土中国，我们的社会生活主要是"乡里空间"生活。这种乡里生活其实是情感生活而非政治生活。沟口雄三将这种乡里空间理解为地方的部分自治。这和西方的地方自治截然不同。乡土中国之下传统原始的社会组织主要是情感纽带维系下血缘社群和地缘社群，既非政治组织方式也不是社会组织方式意义下的公民共同体。

概括而言，情、理、法、规，就是中国传统乡土社会秩序的原理，是一种多元化的结构。现实中的单向治理就是单中心治理，最终往往是通向奴役之路，导致社会的瓦解。这也是中国社会治理的症结所在。双向治理的实质就是多中心治理，通过多元化的整合机制激发社会的持续活力。尽管，中国作为超大规模国家存有广袤地域之间的差异化，但是中华文化传统或者中华文明却有着同一性。公允地说，中国社会秩序的生产与再生产与我们特定的社会结构、特定的文化传统有着千丝万缕的联系。

说到底，乡土情理就是长期稳定下来的观念沉淀，并由此产生循环往复、周而复始的行为惯习。据此，乡土情理就是一个地方性同感共情的道德规范与伦理准则。我们虽然熟知亚当·斯密论述的由利己而引致的社会生活秩序的市场化原理，但是我们却也忽略了斯密在《道德情操论》中曾将道德视为社会秩序的源泉。其中，人与人的情感连接、对于他人的关心以及在共同体中的彼此责任，似乎也是一只关乎社会秩序的"看不见的手"。公允而言，由乡土情理秩序所引申而来的理治秩序，对于任何一个社会的社会秩序都不可或缺。

第一章　日常生活实践与乡土情理逻辑中的集体行动研究

人之所以要有记忆……那套传下来的办法，就是社会共同的经验和积累，也就是我们常说的文化。文化是依赖象征体系和个人的记忆而维护着的社会共同经验。……乡土社会，大体上是没有"文字"的社会。……我们的记忆也是如此，我们并不记取一切的过去，而只记取一切过去极小的一部分。

——费孝通（1998：19—20）

笔者在从城市研究转向乡村研究的这一时刻，感到了一种回归的亲切，毕竟从事乡村的研究"志在富民"才是笔者的初志，也是笔者学术旅途的归宿，不过这种追求才刚刚开始。其中理由很简单，每一个出身于乡村，却又漂泊和行走在城市的人，都情系着那片乡土。也许这正是费孝通先生所说的"桑梓情谊"。

这一项研究对笔者来说是一项很大的挑战，因为笔者没有经过田野调查的人类学训练，也没有历史学的背景，更面临着创新的可能性问题。不过，笔者喜欢历史人类学，喜欢这种来自社会记忆的叙事，笔者为此而感到一种满腔的热情，"为生民立命"笔者做不到，但笔者可以用文字来记述他们生活史中那一"小地方"的面向，或许能够有王铭铭先生所谓的审视"大社会"之效用。当今社会学的语言学转向和历史学的人类学转向，不能不说受到了后现代主义下"叙事"思潮的影响，这种也许是反科学的科学，毕竟它不是在建构而是在复原社会的构架。

研究的缘起

每年夏季麦收完以后河村最热闹的日子，那就是"黑龙爷"的生日庙会，往往就会像集市一样热闹上 7 天，当然还是以祭祀龙王的庆典和乡村民众的祈福为主，这里并没有道士来做法场，只是一些村子里的"头脸人物"和"长者"率领全村的代表祭祀。而且，通常还在黑龙庙附近搭上戏台请来戏班为黑龙爷唱上 7 天的戏，当然这也是全镇的盛会，很多邻村的人来看看戏，凑凑热闹，这里就涉及公共空间的维护和治理，其自然交给拳社（又称安全协防会）来负责，这被乡民看作是村子里的传统。龙王，河村乡民称之为黑龙爷，是主管水的神。乡民的祈福和愿望的诉求并不局限于与水有关的祭祀和仪式，而是被推及日常生活的方方面面。河村周边的邻村也大都到这里的黑龙庙求雨祈福。这种仪式实践的解读以及拳社之于公共空间秩序的维护并不是本书所关心的，因为，与龙王庙紧紧相连的，有这样一个水利农事的集体合作组织——水会。

说到水会，其实它最早以村民集合在黑龙庙求雨祭祀而得名，每年负责村里的灌溉。对于过往以及当今的水会，在不同的姓氏家族里都有分布，水会的成立是以居住空间来划分的，而居住空间显然在村子里就是每个家族的聚落。而且水会也有着自己的活动周期，也是与乡村生产和仪式年度周期紧密相连的。随着水利条件的改善，水会的职责不仅仅是每年在干旱的时候祭祀龙王和集资合力兴办水利，也逐渐拓展到农忙季节的防火工作，而防火的重点也在于各自家族聚落下的用于堆放和脱粒农作物的场。对于水会的来龙去脉，老人说这是祖辈延传下来的，具体缘由可能与河村所处的地理环境有关。河村在黄河边，尽管有大禹治水所贯通的两条河道，但却是一个旱涝的自然灾害区。不过，当今的水会组织却是在人民公社解体之后而发展起来的。

说了以上一些零碎的东西，无非就是要引申出笔者讨论的主题。以上笔者的体察，正是笔者如今研究的学术旨趣所在。

探讨的问题

本书围绕着人民公社解体之后河村水会的组建，通过一种"理解的知识"框架，向大家展开来一幅乡村社会中集体行动的图像。事实上，这里已经点明了笔者所要探讨的问题，那就是集体行动。

从与同学以及朋友的讨论乃至我们的学术研究者的集体共识来看，都倾向于乡村民众/农民"原子化"和"一盘散沙"状态的表述。而且，在集体主义和个人主义的争论中，往往也以集体行动的能力加以衡量。在一般学理上，我们大都陷入了这样一个解释悖论或困境："一盘散沙"或"差序格局"是集体或团体生活的缺失，而集体行动却能被有效地动员起来；集体主义是团体生活的泛化或强化，而集体行动却不能被有效地动员起来。事实上，这也是笔者在研究人民公社以及其解体之后集体合作或行动之间的重要区分。这在本书中的论述中，大家自可以体察。那么，这里有这样的问题需要讨论：中国人的行动逻辑是集体主义还是个人主义抑或其他？

基于这样一个前提，在笔者进行一种"阅读"甚或"想象"河村水会在水利农事合作中"团体化"实践中的集体行动图像的过程中，来挖掘并提出笔者必须应该解决或讨论的一般性问题：在乡民集体行动中，是什么将他们动员起来的呢，也就是说，乡村社会的"有效"动员方式是什么呢？然而，动员之后，又是如何达成一致的集体行动的呢，是压力或者说规范还是利益的得与失，也就是说，达成一致集体行动的集体决策机制是什么呢？我们知道，乡村研究中谁都绕不过家族、传统—现代、国家—社会这些"结"，那么，在乡民集体行动中，彼此关系又是什么呢？当我们在讨论集体行动的时候，即便不讨论集体认同，但很大意义上已经预设了集体认同的存在。那么，集体认同的基础是什么？社区领袖/精英在集体行动中居于什么样的地位呢？

这些一般性问题的讨论，其实都是为了解决这样一个总体性问题：乡村社会中农民的集体行动背后的深层逻辑究竟是什么，是理性选择还是结构选择抑或其他？乡民集体行动的逻辑是嵌入还是独立于个人行动逻辑？

两个经典学说与集体行动模型

传统的行动模型，强调情绪或态度的不满在集体行动中处于支配性地位，这种解释在复杂的社会结构和理性的行动者个体面前似乎已经不再那么被信服了。在当前直接论及和间接涉及社会集体行动的论述时，大家似乎都倾向于以下两种解释：一是结构性选择，二是理性选择。

结构—行为选择理论，突破了个体的态度以及好恶之性情的传统行动主义，强调集体行动中的结构性位置的相近性或一致性，而促使了集体行动。其中，以美国著名学者 J. 米格代尔先生为代表，他在其著作《农民、政治与革命——第三世界政治与社会变革的压力》中，从结构—行为选择的行动主义出发，将传统农村分为"地主控制的农村"和"控制松散的农村"两种类型，并且着眼于各自类型中"内向型力量（传统保守）"和"外向型力量（现代化）"冲突框架的分析。在米格代尔看来，这些力量作为社会结构性的模式有内在结构性的利益背景，因而具有内在结构性的行为逻辑。[①]

理性选择理论，亦是反对依靠个人性情上的差异来解释集体行动的参与，认为只有在个体层次的动力机制基础之上，才能理解集体行动。理性选择理论推崇这样一个一般假设，就是个体具有既定的目标和需要，是一个理性的在成本和收益之间博弈的行动者，以便使他们的需求和效用达到最大化。也就是说，个体行动者在可以获得最大利益的时候才会参加集体行动。正如曼瑟尔·奥尔森所说的一般性常识一样，集体行动通过公共物品的提供，来增进由个人组成的集团共同利益。不过，他在提出"搭便车"问题时，显然批判了这一点，并在小集团之规模控制和选择性激励中达成个体之于集体行动的参加。[②]

上述两个经典学说为我们提供了最为常用的思考框架。尽管如此，为了比较全面地讨论中国乡村社会集体行动的逻辑，笔者将引

---

① J. 米格代尔：《农民、政治与革命——第三世界政治与社会变革的压力》，中央编译出版社 1996 年版，第 1—23 页。

② 曼瑟尔·奥尔森：《集体行动的逻辑》，上海三联书店、上海人民出版社 1995 年版，第 5—63 页。

入行动模型的概念。行动模型可以理解为行动发生的条件公式以及对社会的塑造。除了上述两个经典学说下的经典模型之外，还有泰德·格尔的相对剥夺模型、麦卡锡和扎尔德的资源动员模型。① 相对剥夺模型主要是在人们认为值得拥有比现在更好的生活或事物而产生的不满所引发的集体行动。一般来说，相对剥夺反映的是一种心理状态和感知差距。只要不发生生活水平的下降和大幅的不平等，一般不会产生有组织的集体行动。资源动员模型关注的则是各种资源的动员策略，从而实现集体行动的发生，通常有底层动员与精英动员、市场动员与政治组织动员四种类型。简单讲，资源动员将集体行动作为政治机会，因而非常重视自己的阵营，往往会运用意识形态、媒体力量去建立共识，通过资金投入、意义符号来保证参与。通常而言，资源动员背后有一个假定，那就是需要一个拥有自主权利和丰富资源的社会。显然，相对剥夺模型的解释力太过宽泛，而且也暗含了一个异质性强的期望假设。资源动员模型的解释力虽然很强，但它的限定条件也很苛刻，需要一个和国家相分立的市民社会。

　　根据中国文化的传统与伦理，在乡村社会乡土情理规则中去解释乡村社会集体行动显然有别于以上集体行动模型。费孝通先生的理解②，为我们打开了思考的路径。集体行动发生的可能基础不同。欧美是团体格局，好比稻草成把成扎成捆，团体之间不仅有着清晰的界限，而且也容易捆在一起不会散落开来。中国是差序格局，好比蜘蛛网，只有一个以自己为中心的网，并且每个网里的人还都不

---

① 艾尔东·莫里斯、卡洛尔·麦克拉吉·缪勒主编：《社会运动理论的前沿领域》，北京大学出版社 2002 年版。

② 费孝通：《乡土中国 生育制度》，北京大学出版社 1998 年版，第 24—42 页。

一样。这个网代表的是亲属。由于基础的差异，自然集体行动发生的可能方式也不同。团体格局中，架子是搭好的，集体行动是有章法可循的，诸如法律和宪法、革命和利益。而差序格局中只能看到私人生活的圈子，每个人都在圈子中自食其力地生活，只有在偶然和临时的非常态中才感觉到伙伴的需要。通常这种安全感和需要取自称之为社群的家族。这也意味着中国乡村社会集体行动的发生，通常是一种临时性的和情景性的。中华人民共和国成立后，国家社会主义集体改造时期，乡村社会的家庭传统也被支离出去，渐渐整合到一种新的集体关系和同志关系中来。鉴于这一点，理解人民公社解体之后乡村社会的集体行动，无疑会有一些新的变化。

日常生活的视角以及核心概念

日常生活，就是时空体系下维持个体生存以及生产和再生产的各种活动的总称，既强调日常生活中的路径重复，又突出日常生活中的各种经验材料面向的创造性。日常生活的视角区别于"自上而下"（整体论模式——国家中心论）和"自下而上"（本土性模式——日常生活自主论）的视角。对此，孙立平先生有精辟的论述。日常生活视角，作为国家与社会或民众互动的舞台，是对"自上而下"和"自下而上"两种视角的均衡和整合。[①] 我们关注和挖掘日

———————

① 孙立平：《转型与断裂：改革以来中国社会结构的变迁》，清华大学出版社 2004 年版，第 385—387 页。

常生活的"后台故事"是在日常生活发生的事件中完成的。集体行动的实践正是在日常生活中得以生成和体现的。然而，日常生活实践中的集体行动嵌入到时空体系模式中，在重复的路径和创造的经验中展现一种理性行动与结构行动交融的文化系统。

日常生活、集体行动与生存文化作为本书的核心概念，笔者简单对其给出如下界定。日常生活就是时空体系下维持个体生存以及生产和再生产的各种活动的总称，既强调日常生活中的路径重复，又突出日常生活中的各种经验材料面向的创造性。集体行动就是指个人或群体发起的由许多人参加的一致的群体性行为或活动，旨在在国家政权或正式体制之外追求或增进共同利益，并服务于个人和团体利益。生存文化，则指的是乡村民众在日常生活中之于"农作生息"的理念认知，展现的是"乡土情理""和谐主义"下生存的逻辑。我们可以在以下四种日常生活的实践体系中深化认识：一是互惠体系下的集体互助，二是风险共担体系下的集体合作，三是利益共享体系下的集体抗争，四是公共符号体系下的集体操演。换言之，乡村民众的生存，其实就是时空体系下文化的维系，以及大家对文化的认同。没有认知与文化的相融，难得个人行为与组织或团体行动以及个人利益和组织利益的统一。然而，为了使乡村民众和组织或团体能够续存，需要谋求个人价值或利益和组织价值或利益的平衡，正是这种生存的文化逻辑成为这一平衡的支点。

本书的结构

导言部分讲述了本书所秉持的社会学与人类学融汇的社区研究传统，围绕着人民公社之后河村水会的组建，构建了一种"理解的知识"框架，从乡村民众日常生活的主体性视角出发，用一种经验民族志的叙事解释的方式，在书面历史和口述历史之间的生活史中，从特定性地方集体行动中的文化意义到地方性特定生存文化中的社会意义，向大家展开了一幅乡村社会中集体行动的图像。

第一章探讨的中心问题是研究的核心问题以及理论对话基点。若要回答和对话，必须确立研究的方法论与逻辑起点。本书研究方法论的落脚点就在于从日常生活视角和日常生活的实践出发研究集体行动，认为日常生活作为国家与社会或民众互动的舞台，是对"自上而下"和"自下而上"两种视角的均衡和整合。本章提出要关注和挖掘日常生活的"后台故事"，从而将日常生活实践中的集体行动嵌入到时空体系模式中，在重复的路径和创造的经验中，去展现一种理性行动与结构行动交融的文化系统。

第二章首先叙述了河村的区域、历史、文化以及生态背景，从中找出理解地方性知识的一个总体性框架。这一章认为河村所处的人文历史区域背景——鲁西粮棉生产经济文化区，展现了一种自然灾害和内外战争交错下"破坏荒芜—生产繁荣"的区域类型特征，这是理解河村文化和传统以及乡民们的性格、日常生活实践逻辑的重要支点，这自然也是理解水会生成逻辑下集体行动的一个因素。另外，河村中家族式聚落以及村落庙宇的空间形态，则是我们理解水会运作的又一个重要因素。然而，从河村的村落史所发现的社会移民史，则是理解下面这一认识的前提：河村水会不仅是家族基础上再组织化集体行动的社群形态，而且很大程度上又是家族弱化的结果。

第三章从河村水会的生成历程，呈现了民间扩展与国家收缩的图景。这一图景亦是水会生成与成长的社会背景。人民公社的解体意味着"公社化"集体生活或行动逻辑的终结，这里的"公社化"则是国家政治强化下的超经济实体规制。某种意义上，其解体则又潜含了"家户单干"的"小农景象"，更突出了家庭作为生产经营单位的"原子化"。也许这正是我们所谈及"传统的复归"重要所在，但在文中笔者摒弃了这种简单的传统复归。实际上，笔者在"一盘散沙"的基调中论及了河村民众日常生活中的"分立之痛"。

由于生产主体的剥离，生产队的资源积累与分配已经变得极其有限；对于河村这样的农业主体性社区，生产队对农户的动员能力近乎无几，而且对于农户的经济行动也基本上是放任自流了。而农户的分立强化了资源的分散，又间接致使了资源的匮乏，并在"遇事生风"的引申意义中，表达了河村民众日常生活中对"迈向团体化的集体合作"的诉求，并在"搭帮结伙"的群体动力中得以孕育。

第四章将河村水会的生成进路作为叙述的架构，从日常生活的视角切入，在集体行动的叙述中探讨了水会生成过程中生存文化的呈现。该章指出集体利益或团体需要作为组织化的动力，并没有自发促成水会的设建，而是在河村"领头羊"——社区带头人或精英作为"卡理斯玛（Charisma）"式人物的发起和动员下而组建的，并在乡民的日常生活视象中，归纳出集体动员的方式。另外，"街头文化"作为集体行动"公共话语"的舞台，实现着日常生活"素材"或事件的集体认同。街头公共空间的事件以及活动成为乡村民众集体行动的"布景"，而街头文化则表现为集体行动的集体决策机制。家族是水会的制度基础，显然这里的制度是非正式的。

第五章将河村水会的并建历程作为叙述的架构，从乡土情理的视角切入，在边界水事并建水会的叙述中探讨了集体行动的选择。该章认为集体决策图像展露了一种"可操作的传统文化"。在河村水事合作组织化的集体行动实践中，社区精英或民间权威往往扮演重要的角色。权威既作为民众的态度以及行动的导向，然而又是民众操作着抑或选择和培植着权威。相对国家福利模式而言，嵌入集体行动中的生存机制蕴含了一种民间福利模式，这突显在农田水利公共物品的供给方面。集体行动中的民间福利模式面向的不是个人福利，而是集体福利。对于利益和资源获取中的集体行动，之所以称之为地缘政治，是因为笔者将集体行动视为乡村民众的政治生活。通过文中李宏庆的讲述，笔者概括出地缘政治中的三种关系模式。

社区精英抓住了其所处时代下社区大众的共有经验和理解，并利用其自我社区中的这种共享知识或材料作为建构行动导向的信息，在实现集体认同中达成一致的行动。通过文中李宏庆的现象，笔者概括出精英生产或形成中的三种模式。国家—社会关系中的社会或农民并不是被动的和受支配性的，国家与社会或农民的关系是"扩展—收缩"或"延伸—内敛"的关系，不是此消彼长的强—弱关系。显然，这是反向命题，共同构成国家—社会关系二维视野下的复线逻辑，其面向的是一种双向互动。

第六章结合导言及第一章中的基本问题逐一给予了回应，并从总体性问题的回答中进行了简要的讨论，指出中国人行动的逻辑既不是个人主义也不是集体主义，而是和谐主义。乡村社会中农民的集体行动背后的深层逻辑既不是一种理性选择也不是结构性选择，而是一种生存文化的选择。乡民集体行动的逻辑嵌入个人的行动逻辑中，在和谐主义中又实现结构—行为主义与理性主义的交融：个体行动者可以作为一个理性行动者，然而却又嵌入到社会结构中去，并通过文化纽带的联结抑制了搭便车问题，并在一种和谐的状态中，个体行动者既获得了集体行动提供的公共物品，却又积极地参加集体行动的达成。

显然，这里集体行动的生存—文化逻辑并不是被理性选择和结构选择行动主义所反对的"文化决定论"。因为生存文化在日常生活的实践中是一种可操作的文化。约略言之，本章从集体行动的格局、社会生活的自主性与国家改造式治理三个方面进行了相应的探讨。

第七章结论部分就本项研究在行动原型与文化底色、行动能力与合作关系、行动机制与文化密码、乡土情理与社会秩序、社会生活与国家治理、平面个案与立体叙述六个方面给以了反身思考和扩展理解。乡土情理及情理法则，构成了乡土社会日常生活及互动交换关系的支配规则。乡土情理秩序表达了相互责任的正当性，和谐之道则作为其秩序结构的内核，是理解乡村社会秩序生产与再生产的密码。

第二章　田野调查地点的时空背景及聚落演变

以全盘社会结构的格式作为研究对象，这对象并不能是概然性的，必须是具体的社区，因为联系着各个社会制度的是人们的生活，人们的生活有时空的坐落，这就是社区。

——费孝通（1998：91—92）

河村作为村民共同生活的时空坐落，有着其自身维系社区运转的原生形态。这些原生形态诸如村庄的区位与空间、历史与记忆、农耕与文化，又往往作用于村民的生活与行为。走进河村，对于笔者而言，既有田野工作的陌生，又有生活体验的熟悉。这样一个过程的初始，总是与理解和再现村民角度下他们的"共同遗产"和"意义体系"有着难以逾越的关联。

区域背景：鲁西粮棉生产经济文化区

河村位于中国华北平原腹地的鲁西粮棉生产经济文化区。鲁西粮棉生产经济文化区是黄河下游冲积平原的农业生产特征的呈现。华北平原由辽河、滦河、海河与黄河冲积而成，包括辽河下游平原、海河平原（河北平原）、黄河下游平原（鲁西、鲁北平原）和淮北平原，总面积约 31 万平方千米，是中国第二大平原。河村所处的鲁西平原，在中华人民共和国成立前的历代王朝中经常发生洪灾和旱灾，有着"大雨大灾，小雨小灾，无雨旱灾"之说。中华人民共和国成立后，在这里大力发展水利事业，初步建成了一套完整的排水防旱系统，极大地改变了本地区多灾多难的面貌，20 世纪八九十年代，那里已成为中国著名的粮食和棉花产地。对此，《莘县志》亦有可考的记载，兹缀录如下：

　　1944 年境内解放前，农业长期受封建生产关系束缚，生产力落后，土地集中在少数人手里，绝大多数农民过着饥寒交迫的生活，丰年"半年糠菜半年粮"，歉年或遇兵乱则往往田园荒废，饿殍遍野。解放后，党和人民政府带领全县人民开展大规模的减租减息、增资、赎地等运动。1946 年，境内进行土地改革，实现"耕者有其田"。此后，开展互助组、合作化运动，土地等主要生产资料逐步向公有制度过渡。通过改造自然环境、改革耕作制度、改善生产条件、调整农业政策、推广农业科技，大大促进了农业生产发展。建国后，农业生产受到"左"的思想影响，经历了上升—下降—徘徊—发展的过程。中共十一届三中全会后，农村实行联产承包生产责任制，农业走上持续、协调、稳定、健康发展轨道……粮棉生产大发展，特别是棉花生产的优势得到了比较充分的发挥，产生了促进整个农业生产的综合效益。1980 年，全县棉花平均亩产 61 公斤，比全省平均数高出 12.5 公斤，比全国平均数高出 24.5 公斤，比全世界平均数高出 11.5 公斤。1984 年，全县棉花平均亩产 72.5 公斤，总产 116 万担，创历史最高纪录。"七五"规划期间，莘县被农业部定为全国粮食基地县和优质棉基地县，并成为全国"十大产棉县"之一。①

---

　　① 山东省莘县地方志编纂委员会：《莘县志》，齐鲁书社 1997 年版，第 93 页。

　　事实上，历史上的鲁西平原虽饱受旱涝水灾之苦，但由于土层深厚，光热丰富，盛产小麦、玉米和棉花等，素有山东"鲁西粮仓"之称。伴随区域境内京杭大运河的衰落，运河两岸的集镇经济受到了 19 世纪后期开通海运的冲击，但此以后的近半个世纪里，以临清为中心的鲁西棉花产区和以济宁为中心的鲁西粮食产区，一直保持持续发展的趋势。1924—1929 年，山东省小麦常年产量在 50 万担以上的县有 45 个，占总数的 42%，而鲁西平原就有 20 个县。① 另外，根据 1934 年实业部国贸局统计，山东全省产籽棉 600 万担，其中以临清为首的鲁西平原六县棉花产量合计为 300 余万担，约占全省总产量一半以上。②

　　鲁西粮棉生产经济文化区的形成初始于明代，清代中叶前后有较大的发展。19 世纪末叶以后，国内外纺织工业对棉花需求的激增，促进了植棉业加快发展。自此以后，棉花成为一种广泛种植的重要经济作物，在华北农产品商品化的进程中一直占有显要的地位。③ 对于 14 世纪中后期以前的鲁西平原，由于植棉未被引种和推广，虽浸润着黄河文明并有着富足的粮食生产，我们并未称其为经济文化区。中华人民共和国成立前乃至中华人民共和国成立初期，鲁西粮棉生产经济文化区基本上仍是一个单一的农业生产区，这里的单一显然突出了农民生活对农业生产的依赖性。因而，由此足以明鉴历史上的"以农立国"，必然"受命于天"。古老的黄河之水、适宜的气

---

①　《统计月报》1932 年 1—2 期合刊，转引自从翰香主编《近代冀鲁豫乡村》，中国社会科学出版社 1995 年版，第 274 页。

②　《中国实业志（山东省）》，转引自从翰香主编《近代冀鲁豫乡村》，中国社会科学出版社 1995 年版，第 138—139 页。

③　从翰香主编：《近代冀鲁豫乡村》，中国社会科学出版社 1995 年版，第 146—147 页。

候、丰富的光热和平坦深厚的土壤一方面滋养了鲁西平原和生活于其中的子民，而另一方面黄河的泛滥、降水光热变化以及风沙侵袭所带来的自然灾害又让鲁西农民饱受着艰辛与苦难。

作为人文历史的区域背景，不仅对于理解中国经济文化区域结构、类型、制度特征有重大意义，而且更为重要的是有助于理解区域坐落的文化和传统以及乡民们的性格和日常生活实践的逻辑。如果说明清时期国家和地方社会为了各自的统治或治理和整合需要，国家对于"礼法之治"宗法制度的宣扬，地方社会对于"宗法制"的吸收和改造，造成宗族村落在乡村的普遍存在①；那么，人文历史自然的区域背景则是诸如拳社、水会之类的乡民组织在鲁西普遍存在的缘由之一。另外，华北地区更易遭受异族的入侵，同时也是皇位争夺的中心或者辐射区域，乱世时期积年累月的战争对华北地区的破坏比其他地区更为严重②，这也是鲁西北平原的一个显著性的区域文化特征。③

---

① 王铭铭：《溪村家族——社区史、仪式与地方政治（〈社区的历程〉增补版）》，贵州人民出版社 2004 年版，第 26 页。

② 施坚雅：《晚清之城市》，转引自杜赞奇《文化、权力与国家：1900—1942 年的华北农村》，江苏人民出版社 2003 年版，第 6 页。

③ 施坚雅的区域性结构的论题已有中译文本可考，兹给以简单引述："应该是对各个地区逐个地进行分析，而不应该把帝国作为一个整体来进行研究。一条理由是，贯穿中国历史——包括帝国晚期的主要灾难，其范围几乎总是有限的。造成惨重损失的水灾，在华北和长江中游低地核心区特别频繁。灾难性的旱灾对西北和华北造成的损失，比对其他地区更加严重。来自亚洲内陆的入侵，不断使华北和西北变成一片荒漠不毛之地，而在长江流域以及更南的地区则几乎从未遭受过可与之相比的毁坏。一次内部动乱造成的大破坏，其范围很少超过一个或两个地区"（施坚雅：《十九世纪中国的地区城市化》，载施坚雅主编《中华帝国晚期的城市》，中华书局 2000 年版，第 251 页）。事实上，对于中国城市化的研究如此，那么对于乡村研究更应该进行区域性的分析，任何忽视地方差异而进行或开展的整体性研究都是有失偏颇的。

村落空间：河村的位置与聚落布局

河村是山东省莘县的一个村落，是鲁西粮棉生产经济文化区的内陆村庄之一。河村位于莘县西南端，距县城 60 千米，归属于当前的国家小城镇建设综合改革试点镇古云镇。莘县位于山东省西部、聊城市的西南端，地处黄河北岸、冀鲁豫三省交界点。中华人民共和国成立后由原莘县、朝城县、观城县全部和范县、濮县一部分及南乐县几个村庄组成，莘县北临冠县、东北接聊城、东与阳谷县以金线河为界，南隔金堤河与河南省范县相连，西部和西南部分别与河北省大名县以及河南省南乐、清丰、濮阳县毗邻。莘县全境东西宽 32 千米、南北长 68 千米，面积约为 1387.74 千米，合 208.16 万亩。河村所属的古云镇位于莘县西南端，由于莘县位于聊城市的西南端，因而被当地居民称为"双西南镇"。河村不是古云镇政府驻地，但与古云镇政府驻地相连，随着近几年小城镇建设和规划，河村大部分已成为古云镇的小城镇建设中心区和生活区。[①]

古云镇地处山东、河南二省四县的一个交界处，西南与河南省清丰县、濮阳县连壤，东南与河南省范县隔金堤河相望，中原油田采油分厂坐落在境内西部。2011 年末，古云镇辖 44 个行政村，区域面积 58 平方千米，耕地 3.8 万亩。镇南端为金堤河，金堤河因金堤

---

① 自 2000 年古云镇被山东省政府批准为中心镇以来，周边村庄被纳入小城镇建设和规划圈内，以 2002 年被国务院批准为小城镇建设综合改革试点镇为标志，商业区、工业园区、生活区、文化教育区、政府街、欧式街、集镇贸易区等基本上已有雏形。

而成，依金堤而行，随金堤而名，是徒骇河的发源地。金堤也有秦堤、秦皇堤的叫法，村里读过私塾的老人王聿林说这是因秦始皇修建用来挡黄河水的历史传说而命名，河村则傍金堤河而名。金堤作为防黄河水北泛的屏障，受到历代政府的重视，现河村段堤高约为60.8米。河村就坐落在金堤脚下，是一种类似于长方形的聚落，北与古云镇政府驻地孙庄集村相连，只有田地分配的边界，并没有严格的市场界线。孙庄集村作为周围村落的集市交易地，一个月中每十天有四个集日，也就是逢农历的二、四、七、九，周边村落的人都会来"赶集"进行交易，随着商品化程度的提高，以往农家自己种植和养殖以及制作生产的农粮、牲畜、手工业品、农用工具以及食品水果之类的产品依然占据重要地位。这也说明集市作为市场满足着农民家庭所有正常贸易的需求，正如施坚雅所论述的，集市作为社会体系是农民的实际社会区域边界①，但市场并不是社会活动的唯一决定因素，市场体系及村民纽带联合决定了乡村社会经济交往②。基于施坚雅和杜赞奇二人认识及争论，笔者认为集市或集镇以市场为边界是农民活动的外圈，而村庄或宗族以生产为边界是农民活动的内圈。③ 对于这一认识，笔者会在下文中进行详细的讨论。随着集市的发展，交易的场地也由孙庄集村扩张到濮东村、濮西村和河村的主干街道上。也就是说，对于包括河村在内的这四个村庄，它们的市场界限再也不像以前那样清晰了，更多地表现为政权驻地

① 施坚雅：《中国农村的市场和社会结构》，中国社会科学出版社 1998 年版，第 40 页。
② 杜赞奇：《文化、权力与国家》，江苏人民出版社 2003 年版，第 13 页。
③ 集市与基层政权驻地的结合，很大程度上突出了集镇市场中心的地位，这在笔者看来是"想象的市场共同体"；而对于处于生产中心的村庄则是"实在的生产或生活共同体"。

和行政边界的差异。事实上，上述市场中心地的扩张是以四个村落相连为空间基础的。

河村与周围的村庄是相连在一起的，而且其他村与村之间也是相连的。也就是说村落之间的分布是一种密居型的格局，这也是整个华北村庄的特点。① 除了村落间的密居以外，一个村里家户与家户之间的住宅分布更是一种密居型的格局。河村居民的住宅结构都是坐北朝南的主房，称作堂屋，并有围墙围起的院子，在院落的东侧或西侧都会建配房，称作东屋或西屋，宅院的大门都比较高大，而且都向南开。从大门进去通常迎面是一堵迎门墙，每家院落里都有供奉"老天爷"（天神之尊）的台位。通常家户与家户之间只有院墙相隔，一个院子就是一户人家。

在河村，家户之间的密居多是一种家族聚落的形态。也就是说，同姓家族家户之间多在一定的区域空间内聚居，一般而言，新住房多选择在本家附近（空间位置允许的情况下）和家族聚落的周边②。最近一些年，由于 20 世纪 70 年代末、80 年代初出生的人都达到或临近结婚的年龄，另外又由于村落家族聚落空间内家户分布的饱和，家族聚落出现了向村庄外围的延伸和分化。事实上，村落或家族人口的变迁，是导致家族聚落发展和分化的本质，而膨胀后的家族往往通过向外移民和本地家族聚落的分化去解决家族人口问题。③

河村是多姓村庄，自然也就是由多个家族组成的，不同姓家族

---

① 长野郎：《中国社会组织》，上海光明书局 1931 年版。

② 在农村，新房的设建往往是伴随着婚娶而产生的，"结婚盖新房"意味着一个新家户的产生。

③ 王铭铭：《溪村家族——社区史、仪式与地方政治（〈社区的历程〉增补版）》，贵州人民出版社 2004 年版，第 39、48 页。

之间聚落的分化则是其显著特征。这种聚族而居，对于多姓村庄更多的是源自力量的对抗和资源的获得，并在日常生活的冲突与合作中得以呈现这种聚族而居的内部特征。河村共有十姓大大小小的家族，有王、杨、李、徐、高、葛、宋、郭、刘和皮姓，他们各聚居在一定的区域空间范围内，聚落之间的边界已由最初的界限分明变成现在界限模糊，笔者在调查中发现，每个家族聚落的村民都对各自的聚落空间有较强的地缘认同意识。那么，河村有没有地缘认同意识呢？事实上，每个家族聚落的村民又都认同河村大的地缘边界，对于这种双重地缘认同则在日常生活实践的"事件"中得以展现其认同逻辑。这在下文研究中将会详述。这种状况也许与最初的自然村落有关，但河村自清初以来就是一个较大的自然村。村里的老人刘鹤岭说，祖辈自山西移民过来之时，对这里（战乱之后）的土地是自由圈地的，并在家族发展基础之上形成自然的村落，在之后的发展历程中，这种小的自然村落通过联姻以及合作而形成一个大自然村。对于上述家族聚落的认同多表现为名称的沿袭和模化，比如村民在生活和交往中，往往习惯将郭家称郭堤口、王家叫王官屯、李家称李家门、刘家称刘家洼、葛家称河村以及徐家称小徐屯等。

河村的主体街道呈东西、南北方向交错格局，东西向街道有5条，南北向街道有3条，横竖交叉、错落有致。其中较为重要的街道是朝河公路的终点路段，这一终点路段作为村庄的南北主干街道，将村庄分为东西两部分。朝河路始于莘县朝城镇，与省级公路临商路连接起来，向北通往莘县县城和聊城市；向南贯穿朝城、王庄集、观城、大张家、古云5个乡镇，途径20个行政村，止于河村金堤口，向南 100 米左右连接河村金堤大桥，通往河南范县境内，南行 12 千米左右到达古濮州（现河南省濮城镇）境内，和台濮高速公路相连，与河南省濮阳市仅有 30 千米之隔。朝河路河村段向北 50 米左右就与古云镇中心集市孙庄集连接起来，并与濮观阁镇政府大街交叉形成一个十字路口。濮观阁镇政府就坐落在十字路口的东北侧，沿政府街向东也是与金堤相连；向西则经过徐庄、温庄、曹庄、同智营四村行程 4 千米左右即至中原油田采油三厂的驻地，在这里新兴起古云镇又一个市场中心——分厂集贸市场。事实上，河村的主街多是东西走向，宽 6~8 米，长 400~700 米；除东西、南北主街之外，河村家族聚落内和聚落之间多有一些横平竖直的小街道，村民通常称为"胡同"。河村村民对街道的称谓，通常是前街、后街和西头、东头之类的叫法。村"两委"办公室在"后街东头"，靠近集市和镇政府。

在村民的日常生活中，黑龙爷（龙王）庙占据着很重要的地位。这在华北，是与"水作为农业命脉"密切联系的。在中国古代神话传说中，龙王是主管"水"的神，黑龙爷（龙王）庙正是坐落在河村前街西头的金堤河"河村干渠"附近。另外一座重要的神庙二郎神庙坐落在河村后街东头。其他的庙宇，诸如泰山奶奶庙、土地爷庙等则是鲁西地区常见的庙宇，也分布在河村的边侧。据河村曾于金堤河从事（经营）过摆渡救过落水者而为河村村民推崇的头脸人物李敬山讲述，搞生产队（集体化合作）的时候，很多庙宇多多少少都被拆得零零散散而荒弃了，现在这些"兴"起来很多年的庙和祭礼大抵上是在人民公社解体之后得以修建和复苏的。

时间进路：河村的源起与隶属沿革

河村的区域文明史可以追溯到原始文明的发端。在现莘县境内，广为流传的最早传说就是"大禹治水"的故事，这在清道光十八年（1838 年）《观城县志》中有记载，观城东门里路有一大洼坑，后城墙废圮，洼坑犹存，坑大十余亩，常年有水，少见干涸。据说，坑中原有一井，井上有碑，即为大禹治水锁蛟处。此地在古时候还盛传"倒了碑，砸了罐，淹了九州十八县"之谣。在更早的乾隆三十一年（1766 年）的《观城县志》中也有此类记载：1766 年初，大风刮倒了石碑，其夏大水，曹州、兖州、东昌皆受灾。另外，乾隆皇帝曾有《徒骇河涛》载《观城县志》，其中就有这样的诗句："徒骇马颊历历过，疏导神功想大禹。"且不谈这些传说的真假，"禹治水患，九河即道"应是真实的历史事实，而其中九河中的徒骇河、马颊河皆行经莘县境域①，足可以证明莘县文明历史的渊源。徒骇河的源头发端于河村金堤河，而河村距观城只有 13 千米左右。河村所处的莘县境域地处黄河故道、古丝绸之路的东延线上，历史文化积淀深厚。早在新石器时代，境内已有氏族部落存在。今所辖观城一带曾为夏朝的国都；春秋战国时期，莘地先后属卫、魏、齐，有莘邑之称；秦置阳平县（今莘县），属东郡（今濮阳）；汉代，阳平、东

---

① ＼［清＼］《山东通志》，转引自山东省莘县地方志编纂委员会《莘县志》，齐鲁书社 1997 年版，第 7 页。

武阳（即后之朝城县，今朝城镇）、畔观（即后之观城县，今观城镇）三县并存；而后三县与范县、濮（州）县以及大名府、东昌府、曹州府、兖州府或合或分，地名寻改寻复，隶属迭经更变，直到1964年基本形成今日莘县之版图。[①]

从上述河村区域文明史的简单线索梳理中，河村聚落发端的影子似乎已经隐隐显出，但可考的历史只能从民间对"秦始皇走马修堤"的传说或历史故事的传承记忆中呈现。作为笔者田野作业线索物和口述史对象的村里老人刘鹤岭说，当先辈们自明初从山西迁移到此地的时候，很多地方都空无人烟，随着人口的迁移增多，后来有两户葛姓人家自称是因为战乱而迁到外地去，现在又重新迁回来了，他们还举出他们的祖先耕于此地，有秦始皇所修金堤为证。在笔者看来，秦始皇"南修大堤挡黄水，北筑长城抵鞑兵"的历史固然可考，但晚来的移民为获得良田和更多耕地，对"金堤（秦皇堤）"故事的诉说不失为一种抗争和获取优势的策略。且不论这一故事的真实性，单从秦汉至晋、南北朝、隋唐、宋、金和元朝代在莘县境内的建制，以及其间的历史大事记，足可以说明区域境内村落乡民的生息。

但河村真正源起的可考历史只能由村中王氏家族民国期间编写所残留的《王氏族谱》得以复现，在《寻祖篇》有这样的记载：

吾辈先祖是山西平阳府洪洞县王氏和门，自明朝初年，

分丁徙居于此。吾祖辈居于此，时荒无人烟，始垦荒植田，

---

① 山东省莘县地方志编纂委员会编：《莘县志》，齐鲁书社1997年版，第1，39—40页。

历代生息繁衍，家丁兴旺，终成一宗。各支继族承家，致
富达贵，互助互励。今与祖乡他族共处河村，欣欣向
荣……与濮县境内王氏同属和门……兹有我鲁西民间流传
歌谣以记之："问我祖先何处来，山西洪洞大槐树；祖先故
居叫什么，大槐树下老鹳窝。"①

可见，河村的兴建或一定意义上的重构可以上溯到 14 世纪末的
元明交替时期。事实上，这与历史上的明朝大移民是相吻合的。

元末时期的战乱以及明初皇位之争的"靖难之役"，山东都是主
战场，长期的战乱和残杀使山东人口锐减，赤地千里，荒无人烟。
古云镇境内流传的民间故事，足可以印证这一主战场之说。据说河
村的邻村黑门寨集曾是朱元璋率领起义军与元军作战之地，朱元璋
曾在此设黑门阵从而打败元军，黑门寨村也因此而命名。自 1368 年
明军推翻元朝之后，明太祖朱元璋大力鼓励垦荒并向华北移民，成
为明朝历史上的第一次移民高峰（洪武移民高峰）。建文帝在皇位之
争败北之后，燕王朱棣登基称帝，改元"永乐"。由于靖难之役涉及
东昌府，建文帝所封盛庸和铁铉为首的"平燕大军"与燕王之军交
战中，虽取得"东昌府大捷"，但对所辖周边诸县的村落以及人口破
坏严重②，因而永乐帝迁都北京的同时，大量移民"以实畿辅"（法
默，1976：59—116）③，从而形成又一个移民高峰（永乐移民高

---

① 《王氏族谱》（手抄本），1928。
② 朱铭等主编：《山东重要历史事件（宋元明清时期）》，山东人民出版社 2004 年版，
　第 229 页。
③ 法默：《明初政府：迁都过程》，转引自杜赞奇《文化、权力与国家》，江苏人民出版
　社 2003 年版，第 5 页。

峰）。根据《山东省地名志行政区划、居民地卷》，截至 1990 年山东全省共有 107387 个自然村落，其中根据家谱、族谱、墓碑、方志以及口述史料，有 4830 个自然村落的建村历史可考。在 4830 个村落中，建于明朝者达 3448 个，而绝大部分始建于洪武至永乐年间（1368—1424），明初时期达 2243 个。①

除了王姓家族自洪洞迁移到河村以外，河村刘姓、徐姓、郭姓和高姓人家也于明初迁自洪洞，对此，《王氏家谱》有"今与祖乡他族共处……"可考。刘姓家族与郭姓家族修有家谱，但未有记载，两家族主事人都称他们是洪武（明太祖）年间落户到河村的。事实上，洪武移民潮与现莘县境内歌谣"问我祖先何处来，山西洪洞大槐树"都是有史可鉴的。《山东重要历史事件（宋元明清时期）——明朝大移民与山东村落的重构》对此有详细的考究，兹部分缀录如下，以作引证。②

洪洞大槐树移民在山东比较集中分布在两个区域，一是东昌府（今聊城地区），二是兖州府（今菏泽部分地区）。明朝东昌府辖 3 州 15 县，有临清州、高唐州和濮州。濮州辖范县、观城县、朝城县、聊城县、莘县、冠县、清平县、堂邑县、博平县、荏平县十县，足见其县衙、村落和人口之密。关于聊城的洪洞移民，明朝文献中有明确的

---

① 朱铭等主编：《山东重要历史事件（宋元明清时期）》，山东人民出版社 2004 年版，第 210—211 页。
② 朱铭等主编：《山东重要历史事件（宋元明清时期）》，山东人民出版社 2004 年版，第 212—217 页。

记载。洪武二十一年（1388年），明太祖采纳刘九皋建议，"迁山西泽、潞二州民之无田者，往彰德、真定、临清、归德、太康诸处闲旷之地，令自便置屯耕种，免其赋役三年，仍户给钞二十锭，以备农具"（《明太祖》实录卷一九三）。临清，辖丘县、馆陶两县，隶属东昌府。实际上，明朝廷划定的山东移民区不只是临清一州，而是整个东昌府。洪武二十二年（1389年）八月，后军都督朱荣上奏称："山西贫民徙居大名、广平、东昌三府者凡给田二万六千七十二顷"（《明太祖实录》卷一九七）。

另外，对于"洪洞大槐树"，民用《洪洞县志》卷七《舆地志》亦有记载可考："大槐树，在城北广济寺左。按《文献通考》，明洪武永乐间屡移山西民于北平、山东、河南等处，树下为集会之所。传闻广济寺设局驻员，发给凭照，川资。"①

据刘姓辈分较长的老人刘飞舟说，老辈子传下来的就是这个说法，我们祖辈从洪洞迁移而来，据说是被强迫的，先辈祖乡的房子都被拆掉了，对故乡的回忆只剩下村头的大槐树独立乡野。而当笔者问起他们先辈祖乡村庄的名字时，刘飞舟只是摇头，并甚有遗憾之情地回答，已经不记得了。对于河村的另外两个家族，也只是或通过家谱的记载或通过口头的辈辈传承，只能笼统地说是由山西洪洞县迁入此地。至于大槐树、老鹳窝并不是具体的村落名字，只是

---

① 朱铭等主编：《山东重要历史事件（宋元明清时期）》，山东人民出版社2004年版，第214页。

移民作为回想和留念故乡的标志罢了。

从刘飞舟的口述中，笔者发现"强迫移民"的历史记忆。这在同徐姓家族中一个年龄较长的老人徐举贤的交谈中，更是被他们放在了先辈移民史的重要位置。他们讲述了河村不说类似于"去方便或上茅房"而是说"解手"的由来，以图说明他们先辈是被朝廷强迫移民而耕居于河村的。

> 我们祖辈在朱元璋建明朝前，一直耕种生活于山西洪洞县（具体年份、村庄都没有传下来）。传说朱元璋曾征战我们这里（山东聊城，古时候归东昌府），打败元军建立（明朝）江山之后，说这里地广人稀，应移民屯田垦荒耕种。于是，我们老家的洪洞由于人多被官府选中了，当时祖辈和洪洞县的其他同乡大多不愿意离开老家去陌生的地方再成新家，一来怕水土不服，二来根系洪洞，难舍家园。当地官府为完成朝廷的旨令，就押送一批批的洪洞百姓到河北、山东、河南一带。当时，由于男女老少都被反绑着双手，如果需要大小便，就冲着押送的兵卒喊一嗓子："解开手，我要方便。"时间一长，懒得多耗费口舌，只喊一声"解手"就可以了。于是，"解手"就成了大小便的代名词。……到达濮城（古濮州）之后，我们祖辈徐姓几家人便自己选择了现在的河村立村屯田，当时也有王家、郭家、刘家在此立村屯田，由于同来自洪洞县，彼此常有来往，但房舍建盖各自占一块空旷之地，也为了官府管治和分田

分钱，各自称小徐屯、郭堤口、刘家洼、王官屯……①

对此民间的社会记忆，很大程度上反映了历史的真实图像。诚如费孝通先生所述，"乡土社会在地方性的限制下成了生于斯，死于斯的社会。常态的生活是终老是乡"②。事实上，它向我们展示了"生根"的乡土文化。这种"生根"的乡土文化在费孝通先生对于知识分子的桑梓情谊以及城市劳工背后所拖着的乡土袋子也都有充分的表现。③ 对于明朝两次移民潮中的山西乡民，也难免出现不肯离开家乡而移民他乡了。

对于那"两户自称祖辈曾耕种于河村的葛姓家族"，是由江苏淮安移民于此的。当笔者向葛家曾任河村小学教师二十多年的葛宇烈询问此事时，他说他的爷爷以前是私塾老师（先生），是负责修续家谱的主事，曾提及金国和宋朝（北宋）之间的战事。后来，金国灭了北宋，占据了山东以及华北地带；至今，金人所修雁塔仍立在莘县境内。由于其先辈不堪忍受金人的压迫就举家南迁，后来蒙古军建了元朝，他们祖辈几经迁徙，定居淮安。据说每一代都要望北祭祖，送魂回（秦）金堤河岸边的老家。到了明朝迁都北京的时候，因为有族人在朝廷里为官，就随同迁回到北方。由于祖辈曾遗言，他们老家在秦皇堤脚下的为避黄河洪水而筑建的土楼台边，且境内有金人所修雁塔，距住所约五十里外，于是他们先祖家人便找到了

---

① 《徐家四老口述资料》，2003 年 7 月 23 日整理。
② 费孝通：《乡土中国 生育制度》，北京大学出版社 2000 年版，第 9 页。
③ 费孝通：《漫谈桑梓情谊》《城乡联系的又一面》，载《费孝通文集》第五卷 1947—1948，群言出版社 1999 年版，第 460—465 页，第 512—520 页。

现在的河村，当时河村已多处有人家耕居了，所以他们还是定居在土楼台边，其他家族都称呼他们河村的。

对于明朝以前有没有"河村"，这对我们来说并不是最重要的。但经过上文的叙述，毋庸置疑的就是现在的河村是在明朝初年大移民时期所建立或重建的。对于这么多家族聚落或一定意义上的村落，又是如何整合成现在的甚或很久以前就是的一个大自然村呢？

这就要上溯到明朝中后期土地兼并和清朝初年移民的历史了。在对河村往事的回忆中，很多老人都说村里的葛家世世代代都是地主，他们家的地最多的时候曾经占了全部的良田。祖辈们大多因为地薄产贫而租种葛家老地主的田地，遇上了灾年和歉收年，都要靠借粮食过活，还不起粮食，就将田抵押了。对于葛宇烈来讲，曾经的地主身份在"土改斗争"以及"文革批斗"中给他的家庭带来了不少灾难，这也是葛宇烈不想回忆的往事。但葛宇烈在和我交谈中，也向我透露了小时候曾在他祖父的房里看到过很多老地契以及新地契，有的是花钱购买的耕田地契，有的是其他人家用耕田来抵债的地契；其中祖辈们也传下来了很多田地，由于祖父与其兄弟之间的分家析产，也立了相应的地契。也许这种历史记忆是有时间限制的，即便不能上溯到久远的明清时期，但这种土地集中的趋势似乎也是封建制下小农经济的历史逻辑。

除了家族之间的联姻和日常生活的合作之外，土地的兼并和集中也是诸多家族聚落形成一个大自然村的原因。村中李、宋、皮三姓人家则是清初移民而来的，历史上的清朝初年是又一个移民时期。① 河村宋、皮二姓人家对于迁出之地，在他们的社会记忆里已经遗忘了。不过他们是与李姓家族在同一时期迁入河村的，这在李家民国年间（1932年）和改革开放后的1992年所续修的《李氏家谱》中，都有记载，兹择其要者缀录如下：

> 清朝初年，先辈自安徽砀山迁徙到现在的河村时，已有诸家族各占一方，当时同宋家、皮家各置在已有家族房舍之间起房安家，同时购置了几亩良田，并去周边开垦毛地进行耕种……后来，官府为扩大收赋派役，对我等新迁来的李氏、皮氏、宋氏家户和原来周边家族按牌户进行了编甲。因我等李、宋、皮三家住所将诸家连接起来，而且莒家地最多，历代皆有子孙入仕，是大家之族，官府就将我等诸族交由莒氏统一编册……官府及外人亦以莒氏家所名称称呼我们，但我等诸家之间彼此称各自家所之名。据先辈所言传，起初他们称我族所居之处为李家胡同，后来随家族人丁旺盛而改称李家门……②

可见，诸家族聚落之间组合成河村这样一个大自然村，不仅是历经明朝数代的土地兼并与集中的结果，更是清初推行"保甲之法"对零散村落编排的结果。对此，是有可考历史以做鉴证的。雍正四

---

① 山本斌：《中国民间传说》，转引自杜赞奇《文化、权力与国家》，江苏人民出版社2003年版，第6页。
② 《李氏家谱》《定居篇》（打印稿）1992。

年（1726 年），吏部遵旨议行保甲法。史载："保甲之法，十户立一牌头，十牌立一甲长，十甲立一保正。其村落畸零及熟苗熟僮，亦一体编排。"① 从河村组建或重建的历程来看，中国的历代移民多是官方移民，其中也不乏民间移民，但毕竟是极少数。这一重建历程也呈现了封建社会土地制度运作的部分图像，更说明了国家在战乱之后以及灾害之后对于村落的重构作用和地方经济发展以及再发展的调节作用，也展现了王朝政治与区域发展的相通与结合之历史逻辑。毫无疑问，朝廷或国家的某些作用是凸显的，但在之后的社会治理中甚或朝政的日常运作中都重复地陷入了"国家被涵容于社会"的文化逻辑②。

据现莘县境域之内的县志、乡土志记载，县内境域的基层行政建制历史久远，河村所在聚落以及周边聚落被纳入行政建制的历史可以上溯到秦汉时期的东郡建制（今河南濮阳）。由于现在的河村，多是由明初大移民时期的移民聚落重构而成，这在上文已有充分的叙述，另外又因其边界区域的特点，随着朝代更替，行政区划也因之变动。但自明清以来，河村内部基本上保持为一个稳定的基层行政单位。兹根据诸代可鉴县志、乡土志，将明清以来河村及区域建制的隶属沿革整理如下：

明朝洪武二十五年（1392 年），隶属山东布政使司东昌府所辖的濮州范县，分王官屯（刘家洼）、小徐屯、郭堤口（高堤口）

---

① 《清世宗宪皇帝实录》卷 46，载《大清历朝实录》，台湾华文书局 1928 年影印本，转引自赵秀玲《中国乡里制度》，社会科学文献出版社 2002 年版，第 50 页。

② 梁漱溟：《中国文化要义》，载《中国现代学术经典·梁漱溟卷》，河北教育出版社 1996 年版，第 511 页。

三村。

明朝永乐十九年（1421 年），隶属山东布政使司东昌府所辖的濮州范县，分小屯、堤口、河村三村。

清朝顺治五年（1648 年），隶属山东布政使司东昌府所辖的范县，分小屯、堤口、河村三村。

清朝雍正十三年（1735 年），隶属山东布政使司曹州府所辖的濮州，称河村。

民国二年（1913 年），隶属于山东省东临道所辖的濮县孙庄集区，称河村。

民国二十六年（1937 年），隶属于山东省政府第六区鲁西北区所辖的濮县孙庄集区，称河村。

1949 年，隶属于平原省濮阳专区所辖的濮县古云区，称河村。

1952 年，隶属山东省聊城专区所辖的濮县古云区，称河村。

1956 年，濮县撤销，隶属山东省聊城专区所辖的范县马陵区，称河村。

1958 年，隶属山东省聊城专区所辖的范县人民公社古云管理区（年底改为范县古云公社），称河村生产大队。

1964 年，隶属山东省聊城专区所辖的莘县古云区古云公社，称河村大队，有七个生产队（基本上按家族进行生产队划分）。

1984 年，改公社为乡，称河村。

1987 年，改设镇，属古云管理区，称河村。

尽管河村的隶属屡有变动，也不论之于东昌府、曹州府以及之后的东临道、鲁西北区、濮阳专区的行政建制变动，但"濮、范、观、朝（冠县、阳谷亦被包括在内）”在历史上是一体的，而且也与东昌府、曹州府、鲁西北、聊城、菏泽、濮阳之间互构成一个整体（临清、茌平、济南、梁山、巨野、济宁、曹县亦涵括在内）。这一整体不仅仅表现在区域空间上的相连，也表现在区域经济发展和政治利益诉求的一致性，更是表现在历史文化的"交相互通"。这更突出地表现在下文对于水会生成逻辑的历史文本以及日常生活的分析。当然，本章的焦点在于读懂河村的区域符号与历史时光，从而为地方性知识的隐喻搭建一个缩影处理后的社会舞台。

第三章　从民间展开的社会
图景与时代叙事

在任何人类社会中，社会生活是系于地域上的集居，好像市镇、乡村及邻舍。社会生活是有它的地方性，有一定的界限，这界限联系着种种经济、政治及宗教活动的公私活动。在一切有组织的动作中，我们可以见到人类集团的结合是由于他们共同关连于有一定范围的环境，由于他们住在共同的居处及由于他们进行着共同的事务。他们行为上的协力性质是出于社会规则或是习惯的结果……

——费孝通（1999，第四卷1946—1947：294）

　　在河村这样一个地处内陆的农村，诸多村民自发结成的组织再一次描绘黄河故道边乡民结社、合作、抗争、生存的生活史。如果深入河村，我们会发现如今的河村水会组织不是以往的秘密结社，而已经趋近现代意义上公民社会意涵中的非政府组织/非营利组织（NGO/NPO）。对于公民社会或市民社会，诚如黄宗智先生所言，之于公民社会实际上已预设了一种国家与社会之间的二元对立。而笔者在本书的主线上是反对国家与社会二元对立框架的，并提出了社会向国家扩展的反向逻辑以及国家与社会之间二元互动的框架。事实上，这种互动空间被黄宗智先生称为"第三领域"。① 但其"第三领域"是与河村水会组织诚然不符的，其"第三领域"更没有超越国家与社会二元对立的框架。对其详细的论述，自是后话，暂且不表，还是让我们通过水会再生的背景、过程及其类型的表述来展开河村水会组织的图景吧。

---

　　① 黄宗智：《中国研究的范式问题讨论》，社会科学文献出版社 2003 年版，第 260—285 页。

1978—1980，从国家的退却到社会的成长

由合到分

20 世纪 70 年代中叶，尤以 1976 年毛泽东时代在历史舞台上落下了帷幕以及"文化大革命"的告终为标志，人民公社开始走向终结。需要申明的是，这里并没有否定作为共产主义尝试的人民公社，更没有否定我们国家永远的精神领袖毛泽东。毕竟，毛泽东时代的人民公社以及"大跃进""文化大革命"是对社会发展之路的探索，其目的是搞建设而不是搞破坏，更不是造祸而是造福。

实际上，人民公社的开始就意味着终结的必然，这是乡村农民对于独有的生存逻辑诉求的结果。这与张乐天先生对于人民公社困顿的论述是一致的，"村落支撑着公社，因为公社在很多方面与传统村落相同构；村落瓦解着公社，因为农民的原则、村落的原则与公社的原则在一些基本点上相互冲突。……公社坚持不懈地用超经济的强制来消弭张力，规范农民的行为，但是，强制的存在恰恰证明了公社的脆弱。"[①] 这种生存的逻辑，不仅是生产方式的面向，更是日常生活的表达。即便这种面向和表达是"传统"的复归，但也说明了人民公社期间"传统消亡论"是不成立的，很大程度上只是传统的收缩。并且，所谓这种复归的传统正是一定意义上"新发明的

---

① 张乐天：《告别理想——人民公社制度研究》，东方出版中心 1998 年版，第 415 页。

传统"或传统的再造。

经过 1977 年、1978 年、1979 年三年的整顿，国家着手乡村发展误区的修正，在农民积极性和创造性得到充分发挥的基础上，逐步推行联产承包生产责任制。1981 年 12 月 21 日，莘县县委进一步贯彻落实中共十一届三中全会和省委相关会议精神，在 1980 年 2 月县部分村队开始实行联产承包生产责任制基础之上，推动全县农村普遍实行农业联产承包责任制。①

河村正是于 1981 年 12 月开始全面落实联产承包责任制的。尽管保留了人民公社时期集体土地所有的土地制度，但之后的一段时间人们的日常生活却围绕着土地分配以及生产队集体财产的分配而展开。如果说传统的农村与西方的"团体生活"相区分是零散的个体家户生活，那么人民公社时期的农村则以生产队为基础构成了"政治强化"的集团生活。然而，农业联产承包责任制的实行意味着作为公社化集体生活或行动逻辑的终结。政治强化下超经济实体规制的逻辑的衰退，也昭示着国家高度集权体制的收缩，相对应的则是农民日常生活空间的扩展。再进一步讲，联产承包责任制的实行促使农村又复归到"散"的传统生活中，或者说促使家庭作为生产单位的"原子化"。

对于"散"的传统，其主体则是"私"。费孝通先生乡土中国的"差序格局"理论充分地论证了此点，梁漱溟先生对中国的文化

---

① 莘县地方史志编纂委员会编：《莘县志——大事记》，齐鲁书社 1997 年版，第 33—34 页。

解读也说明了集团生活缺失下的"散"。① 对于 1981 年、1982 年生产队解体过程中集体财产的分配，其充分展露了"己私"中心下"散"的传统，或者换一种视角来说，则是表现了"散"的传统之中的"一己之私"。这里的"己"是家本位的。经历了人民公社以及生产队解体的村民，对于其间的回忆，更是一种有力的说明。还是让我们看一看，生产队解体过程中由社员到村民的散或私。当时曾任第六生产队（简称六队）会计的李怀敬是这样表达生产队解体经历的。谈话缀录如下：

> 问（笔者）：您以前是六队的会计，对于生产队解体过程中的村民的心态和行为，也就是说，村民意见和所作所为，也讲一下，好吗？
>
> 答（李敬远）：嗯。是这样的，当时人民公社要解散，生产大队、小队都要改，要搞承包，实行生产责任制。那时候，我们生产队以及村大队大致存在两种意见，一种是支持，一种是反对。但大多数是赞成的。支持的（村民）大体上都对集体失去了信心，生活太艰苦了。虽然集体合作生产表面上是统一"上晌下晌"（上晌就是去田间做农活，类似于上班，而下晌就类似于下班）的热闹（景象），但都是为了挣工分，"当一天和尚，撞一天钟"，哪有积极性呀。

① 费孝通：《乡土中国 生育制度》，北京大学出版社 1998 年版，第 24—30 页；梁漱溟：《中国文化要义》，河北教育出版社 1996 年版，第 510—537 页。

　　不过对于家里的自留地，（村民）都是精耕细作，积极性很高。实际上，当时的自留地很大地改善了村民的生活，不过仍然节衣缩食过活。敢肯定，村民都想多拥有一些土地，包括我在内。对于那些反对的（村民），大多说是什么什么倒退，没有了集体。但是到了分地分财产的时候，他们比谁都抢先。

　　再回过来说吧，我们生产六队的社员一获得生产队要解体和要包干到户的信儿（消息），每家每户每天都有人走上街头，聚众议论。不仅议论如何分田到户，良田、差田怎么分，更议论或者说关注集体财产怎么分。在我们河村，社员平均思想很重，无非就是按人口平均（不论大小）和按家户平均（不论一家有多少人）。大家以前是个集体，这个时候都为各自的利益争来争去，即使成家（结婚）的兄弟间也争吵不休。当时，我的感觉就是这么一个生产队就散了。还记得是1982年整整一年，我们河村生产大队、小队都是在忙着同样的工作：丈量田地，计量人数，按人数平均分配到各家各户。分田分地到户是按抓阄落实到具体地块的；另外，则是清算合计集体财产以及公用农具和牲口（牛马之类，用来做农活的家畜），商议是将农具分配到户，还是变卖农具、牲口之类的充当集体财产以再分配。村里的田地都分下去了，但集体财产的分配不是很顺当（顺利），因为每家每户都要求这个应属于他，那个应属于他。其中，生产队宣布要解体要每家每户单干之初的一个月内，很多小型农具都被社员或多或少地带回家据为己有了。

对于牲口以及大型农具，都折成具体的多少钱，也是采用抓阄的方式被各家各户领走自己抓中的牲口或农具，并在其他集体财产的分配中实行"少则多补，多则少补"的方法，来平衡各家的利益。另外，作为集体的财产，大队的一台拖拉机（用以耕地），以及各队的12马力柴油机和水泵（用以灌溉）大多都实行了变卖，并在家户要求"清账"的吵闹中，以家庭生产经营底金的形式分到各家各户。①

在河村，联产承包责任制推行之后的近三年半的时间里，生产队以及生产大队、人民公社的名称并没有改变，但"三级所有，队为基础"的人民公社已经彻底瓦解了。事实上，上述口述史料说明了以生产队为单位的集体农业经营组织在"分田到户"中的消解，具体体现为以家庭为单位的农业经营组织的"合法化"。然而，这种合法化有力地凸显了"家户单干"的景象，更突出了家庭作为生产经营单位的"原子化"。

集体解散了，团队生活消退了，伴之而来的则是农户家庭以及个人在经济和社会活动中的独立自主，这自然是联产承包责任制下土地所有权与经营管理权分离的结果。而这种现象的另一面就是集体经济和社会功能的弱化与消减。"家户单干"相对于集体合作是

---

① 《河村原六队会计口述资料》，2002年8月整理，括号内文字为笔者所加。

"散"的，而家庭经营之于合作经营在体制上是倒退的。就其实质而言，国家的退却或收缩却是蕴含在人民公社走向解体或终结的历史必然之中的，这自是由于人民公社超经济规制的集体合作与团体生活的结构同已生根的乡土传统结构格格不入的。而对于倒退或传统复归之类的话语是不足为奇的，至于"散"的传统则是以"小农"的形式①而呈现出来的。

这种所谓传统的复归并不是简单意义上乡村社会的倒退，即便倒退，那么也是有限的。从合作经营到家庭经营，某种意义上，是单干的小农经济方式的沿袭，但其土地制度基础已经从根本上改变了，集体所有的土地制度得到了保留。另外，从公社式团体生活格局到村落式家庭生活格局，很大程度上是人我界限、群己公私的伦理化改变，但团体生活中的合作以及集体行动的动员却得到了传承。这一点，也是下文中所要详细论述的。但我们还应明确一点，公社式的团体生活格局是一种强封闭的，而村落式的家庭生活格局却是一种弱开放的。

由分到合

尽管河村村民很长时间都沉浸在"分田分地分财产"的喜悦之中，但忽然从一个大集体过渡到一家一户的"支离破碎"，不免让他们在以后的一段时间里"伤感"，乃至现在对人民公社苦中有甜的回忆。尽管河村生产大队、生产队以及古云公社的名称延续到 1984 年

---

① "小农"的形式，表现为一家一户为独立的生产单位。

6月，但1982年包干到户后，人民公社制度的三级形式都已名存实亡。这种"伤感"也许来自转瞬间生产队集体瓦解得过于迅速，但更为重要的是来自资源的分散与合作的缺席之下的困境。这种困境在日常生活的田地耕作农业生产中表现尤为突出。下面这段话，就是河村一组村民王祥信对当时农业生产困难的回忆。事实上，这类的回忆多是一种"诉苦"的抱怨，兹引录如下：

> （耕耘工具中的）铁犁、（播种工具中的）木耧、（灌溉工具中的）机器和水泵、（植保工具中的）喷雾器、（收获工具中的）收割机、（脱粒工具中的）扬场机和（运输工具中的）地排车，乃至（用作耕地动力的）牲口，都要东家借西家找。而且，农忙季节本就是家家忙，用犁耕地、用耧耩地（播种）、用牲口、浇地等都要挨家挨户地排队。排队一般要两到七天，长的话，会有半个月都挨不上号。那时候，没有多少钱，单家单户买不起一些大型的农具，几乎都依赖以前我们一队（第一生产队）分下来的农具。不过，这些农具都零散地分到各家各户，家里没有的农具，到用的时候就得去借，借的时候还要看远近（这里的远近，不是距离上的，而是类似于费孝通先生"差序格局"里的亲属圈子）、看两家关系好不好……①

也许上述资源的分散是局部的，是暂时的。但资源分散的另一

---

① 《河村一队王祥信口述资料》，2003年7月整理，括号内文字为笔者所加。

面则是资源的缺乏，毕竟没有了政府直接干预下的资源补给。而这似乎是"一体两面"的，国家政治权力的退却或收缩却也增加了农业、农村、农民的自主性。这里的自主性并不是小农逻辑的，而是在土地集体所有制度保留和集体行动动员下合作方式传承的基础上得到了有力的发挥。这在上文传统复归的有限性中已经提及。

事实上，笔者是反对用"散"或者说"一盘散沙"来概括乡土社会特征的。因为说"散"是缺乏全盘考虑的，笔者接受梁漱溟先生之伦理本位下中国集团生活的缺乏，也认可费孝通先生以"私己"为中心的差序格局对中国乡土社会的概括；而乡村社会中农民的日常生活实践告诉我们：平时是散的，遇事是整的。为什么这样说呢？实际上，只要给"平时"与"遇事"一个廓清厘定，这个问题也就解决了。先让我们从下面的对话中，来看看河村村民的"平时"观与"遇事"观。实际上，这类的谈话多是由家乡的乡邻右舍所引发的，笔者只是出于研究的目的，将一次街头这样的谈话引展开来，并记录了下来。①

　　村民李孝平：小田（笔者小名），平时都忙些啥？这一趟回来，还是不胖。

　　笔者：平时上课，大多时间都是自己看书。

　　……

　　笔者：咱农村里说"平时""遇事"都具体咋说呀？

---

① 《街头（聊天）访谈记录》，2003 年 2 月整理，括号内文字为笔者所加。

都指些啥啊？

村民李孝国：哈哈，还真难，这也是个学问？平时就是平常没事呗。农忙的时候就是做农活啊，像现在（冬季）就闲了。平时都各忙各的，不忙就看看戏（多指山东大鼓、河南坠子、评书、豫剧之类的戏曲）、串串门（到左邻右舍家里扯扯家常）、到街头上议论议论（找人聊天，大多是对村里的什么事说说自己的看法）或者带小孙子转悠转悠（看护小孩）。

村民杨和贵：二叔（孝国），你现在可有清福享啊。我倒整天忙，没有平时，都是在上班。咱村有些事闹得我整天在乡里（镇政府）左右为难。

村民李孝国：三（李孝国，长辈对晚辈多用排行老几来称呼），那你上班不就是平时吗？如果你当了镇长，肯定就是咱村的大事了。

笔者：看看，说着平时，都扯上事了，恐怕这事就多了吧……

村民刘晓军：是啊，平时一家人安安静静地过日子，遇到谁家办婚事、办丧事就有事了，既要帮忙，还得出钱。前几天，（李）广增家的油库（存放石油的坑）被派出所封了，我们又少分好多钱，这也是事啊。

村民杨和贵：这件事有些麻烦了，上面有规定，是严查的。那前些年，两村闹争端、两家闹纠纷、村里集体抗粮（抗拒缴纳公粮）、村里集体抗种大棚黄瓜，还有种桑养蚕推广时候的摩擦，都被中央电视台焦点访谈给曝光了。有时候，我在乡里很没有台阶下。前些年，我就不谈支持咱村成立的拳社（当前称安全协防会）和水会（水利合作社），现在村里闹自主闹得太凶了。

村民刘晓军：照你这样说，我们就该种，该缴了啊。一些没名没分的摊派，我们都忍受了，难道土地自主经营的权利也不给我们吗？再说，石油开采占地、厂房征地、商场店面用地，我们已经没有多少地了，难道口粮田也不给了？还有，地款很多都没分下来，而且分得少、留得多，这些可都是咱村议论的大事啊。

……（争吵）

村民李孝国：别争了，伤和气吧。农村里的确事多，还好喜双你不吃土地这口饭了。除了平常杂七杂八的事，像分地、打机井（灌溉之用）、修干渠、搞联防、修龙王庙、建二郎神庙、唱大戏（社戏之类的）求雨，很多很多都是咱村里的事啊。

可见，在河村村民看来，"平时"与"遇事"在日常生活中是相对而言的。平时，就是没事的平常时候，区别于有事或遇事那种特定的或特指的时候，比如，上文谈话中的婚丧嫁娶、分地、修建庙宇、两村闹争端、唱大戏求雨、集体抗粮、搞联防、打机井、修干渠等，甚或区别于遇事的那种非常时期，比如自然灾害（水灾、旱灾、涝灾、虫灾等）、战争、匪乱、起义、抗争等。显然，遇事中的"事"是日常生活中的重要活动以及（区域）历史上或（地方）社会上不平常的大事件。

正如村民间谈话所反映的，乡村日常生活中的平时是各忙各的，是一种"散"的状态下的个体行动；而遇了事则更体现为互惠体系下的集体互助，表现出风险共担体系下的集体合作以及利益共享体系下的集体抗争，并呈现出一种"整"的团体或集团格局。

在河村，乡间流传着这样一个民谚：遇事生风。其本意说的是一有机会就搬弄是非，而引申义是碰到大家不满的事或者困难的事就一哄而起，或者说一倡百和、一呼百应。如果我们加以借用民间引申意义上的遇事生风，实际上其则形象地呈现了乡村农民集体行动的"文化"逻辑。对于这一逻辑，笔者会在下文中进行详尽的讨论。事实上，对于"遇事生风"的集体行动逻辑，则为国家政权从乡村退却或收缩之后国家集体动员的缺席下，由乡村自主性扩张或社会扩展的基础上而生成民间集体动员从而实现由分到合埋下了伏笔。

1981—1983，分立之疡

在 1981 年生产队解体之后，河村在第二年（1982）基本上落实了联产承包责任制，实行以包干到户为主体。① 生产队按照农户人口将土地分给农户长期使用，承包户按合同完成税收、公粮和集体提

————————

① 包干到户，就是以农户为单位向生产队承包生产任务的一种责任制形式。

留等任务后，收入全部归自己。当时，河村流行一句话，叫作"大包干，直来直去不拐弯"。事实上，对于这种责任制形式，国家政权与乡村社会之间责任明确；而对于农户来说，利益更为直接，并有了自主性，积极性也自然得到了极大的发挥。然而，这种土地承包到户之后，以生产队为基础的集体经济，已经近乎瓦解了，其社会功能也变得相当弱化了。

生产队除了涉及统一田间管理、收费、催缴公粮之外，基本上没有其他事务由生产队来做。事实上，生产队也已经没有能力去做其他公共事务了，这是因为生产队所掌握的大部分资源都已经分配到户了，仅仅掌握非常少的经济资源。由于生产主体的剥离，生产队的资源积累与分配已经变得极其有限；对于河村这样的农业主体性社区，生产队对农户的动员能力近乎无几，而且对于农户的经济行动也基本上是放任自流了。

正是由于农户个体经营的强化，乡村社会的自主空间得到了扩展；而也正是这种农户分立的强化，乡村社会的"散"之传统得以复显，近乎一种"原子化"的生活空间。顺着这样的论题思路，我们又回到了上文中阐明的"资源分散与集体合作缺席之下的困境"。

实际上，这种困境也是生产队生产与分配以及动员能力弱化的结果。这种困境作为分立之疡，在生产队解体之后的两年内一直困扰着河村村民的日常生活以及农业耕作。这种困扰虽然在传统的互惠体系下，因为农户间的互助而得以部分的消减，但自然灾害、外界侵扰、利益强制、经济弱势的日常生活风险并没有因此而下降。①
当这种困境被村民作为"遇事"而普遍认同时，"生风"的计划与
实践也在滋生着。

1984—1987，设建水会，迈向团体化的集体合作

前文的表述中已经预设了这样一个对话：国家政权退出的地方，
却也被乡村社会视为自己的发育空间。这种发育的根基正是所谓传
统的复归。笔者在前文中，将这种传统看作是一种再造的传统或者
说新发明的传统，则是缘自土地集体所有制度的保留以及公社团体
生活中动员与合作的传承。而社会空间发育或扩张的前提，则是相
对于公社式（强）封闭团体生活格局而言的村落式或社区式（弱）
开放的家庭（户）生活格局。

自然村落是自足的，但不是封闭的。人民公社塑造了封闭的村
社，但封闭的村社与处于原始状态中的封闭的自然村截然不同。封
闭的村社是村落社会屈从于政治权力的产物，它处在特殊的环
境中。②

---

① 自然灾害带来的日常生活风险最容易理解，诸如水灾、旱灾、涝灾、虫灾等。而外界
侵扰带来的日常生活风险，则表现为两村争端以及纠纷和公共生活空间的外来不安全
因素。利益强制带来的日常生活风险，突出地体现在国家或地方政府下派以及基层政
权推展的一种所谓的"预设经济发展模式"，诸如乡政府"逼民致富"的种大棚蔬
菜、种桑养蚕等。经济弱势所带来的日常生活风险则是一种隐性的，这种隐性更是一
种体制的结果，比如中华人民共和国成立后的很长一段时间乃至如今依然存在的市场
体系下不均衡的资源流动等。

② 张乐天：《告别理想——人民公社制度研究》，东方出版中心 1998 年版，第 453 页。

　　显然，封闭的团体生活格局与所引述上段话中的封闭的村社是一致的，都是泛政治化的具体表现。而自然村落不是封闭的，当这种政治权力收缩或退却之后，自然村落又再回复到一种开放的状态。事实上，近代历史上的华北农村已不再是闭塞性的，这已经是不争的历史事实①。

　　当引入农户个体经营并导入市场原则之后，乡村的开放程度必然有了新的提高。这种开放不仅体现在村落之间、城乡之间，更体现在个体经营的农户与农户之间。也正是生产队解体之后的两年里，农户与农户之间的自由或自主性的互助，用河村村民的话来说就是搭帮结伙，构成了设建水会的群体动力。

　　然而这里的自由或自主性却是有一定局限的，往往是家族内部成员之间的互助。显然这里的内部成员之间是一种规则化的人际关系。对于人民公社以及其间的"文化大革命"，都对家族传统造成了毁灭性的破坏。其突出表现在家族仪式及其社区内部传统互助行为的禁止及其批判。正如王铭铭先生所表述的，"传统的消灭的后果是，原来对族内辈分、房分关系的清楚界定被派性混杂，造成人际关系的无规则化"。② 而生产队的解体，不仅说明以生产队为基础的人民公社的瓦解，也意味着人民公社作为超强政治与经济规制的削弱与消退和家族传统的复兴。河村家族传统的复兴，很大程度上是与其内部传统互助行为的开展相联系的。并且，河村村民为了应对资源分散以及集体合作解体的困境，对农户间互助或"搭帮结伙"

---

① 郑起东：《转型期的华北农村社会》，上海书店出版社 2004 年版，第 202 页。
② 王铭铭：《溪村家族——社区史、仪式与地方政治（〈社区的历程〉增补版）》，贵州人民出版社 2004 年版，第 111 页。

的诉求，往往是依赖于家族关系的。家族关系的有序化，更多地使这种农户间的互助方式表现为堂亲或族亲式的互助圈子。然而，这种传统的互助行为以及互助圈子的资源及其动员能力都是极其有限的，毕竟资源的分散也致使了资源的匮乏。资源的分散及其匮乏必然影响农业耕作的效率以及农田的收成，这在前文河村村民的口述资料中已有可鉴的表述。

1984 年 6 月，莘县贯彻落实《中共中央、国务院关于实行政社分开建立乡政府的通知》（1983 年 10 月 12 日）以及省相关会议精神，推行机构改革，取消人民公社建制，全县设立 28 个乡（镇）。古云公社由此改设为乡，设党委、政府、经济委员会 3 套班子。河村生产大队于是随之更改为村民委员会，生产队改为生产组。[①] 至此，人民公社由名存实亡走向了正式解体。然而，乡镇政府在接下来的 3 年时间里并没有将重心放在乡村社会治理上，而是更多地放在适应与落实经济体制与管理体制的调整上。实际上，国家收缩了对社会的控制与干预。一方面释放的空间必须由农村社会的自主性来填补，显然这种过程有着一定的滞后性，尽管家庭联产承包责任制给了村民极大的自主性。另一方面，尽管 1983 年新宪法对填补国家权力回撤后所留下的政治真空的村级自治管理组织予以了承认[②]，但是并没有改变生产大队作为基层政治组织的衰败。然而，政社分开要求所倡导的村民委员会角色一直处于被不断改造和合法化之中。尽管落实上级政府要求，把抓农业生产、社会治安、粮食征购和税

① 莘县地方史志编纂委员会编：《莘县志》，齐鲁书社 1997 年版，第 35、53、100 页。
② 胡荣：《理性选择与制度实施：中国农村村民委员会选举的个案研究》，上海远东出版社 2001 年版，第 18 页。

收以及计划生育等作为核心任务，但却不能有效地完成和执行，并且依然疏于农业生产的配套公共服务，并陷入了什么都管不了的涣散格局。

人民公社的正式解体或消亡，毋庸置疑，将河村村民的"三级所有，队为基础"的经验认知剥离了一层束缚。这在一定意义上，促使了河村群体利益表达或生存选择的集体协作化倾向。对于生产队解体之后的资源分散、合作缺席之下的农业耕作以及日常生活困境，河村村民普遍感知着这种喜悦之后的痛苦。在我的田野观察和访问中，河村村民的社会记忆复现了这样的图像，用他们的话来说，就是"要过活和日子好，大家'和伙'力量大，大家'结帮搭伙'和集资（集中起来）可以有更多解决困难的能量"。

当时，河村村民之间街头上的议论、农户与农户田地间耕作的日常交谈以及日常交往中的讨论，都将这种农田耕作以及收割、收秋的日常困境作为自家个体经营发展的大事件，并在初始的家族传统互助圈子基础之上，孕育着新的团体化的合作。这种团体化的集体合作，是在人民公社正式解体之后付诸村落的日常生活实践，并从水利农事上的"水会"合作开始，然后逐渐扩展到公共空间以及生活仪式领域的"拳社""庙会"的组织化实践。① 从集体合作的组织化实践中，我们可以看到河村村民为适应那个时代的巨变和建立新生活所诉诸的集体努力。这就是本书所围绕探讨的集体行动。究

---

① 水会后改称为水利合作社，拳社则改称为安全协防会，而庙会则为老人会。然而，河村村民依然沿用初始的和他们所习惯的叫法，笔者在本书中也采用了河村村民所习惯的称谓方式。事实上，这里的名称更改涉及国家与社会力量和关系的博弈，后文对此将有详细的讨论和分析。限于篇幅和时间跨度关系，本书仅考察分析了水会集体合作中的组织化实践及其集体行动。

其面向，这里的集体行动着重于互助合作取向，而非冲突取向。当然，这也不是绝对的。河村水会的集体行动实践也暗示了冲突的存在，通常人们只是注意到家庭联产承包责任制实施之后的农民喜悦，而隐蔽了人们制度变迁之后的不适应，以及对于农耕和生活处境的不满。

第四章　集体行动的生产逻辑：日常生活中的生存文化呈现

任何对于中国问题的讨论总难免流于空泛和偏执。……因之，我在开讲之时愿意很明白地交代清楚，我并不想讨论本题所包括的全部，我只想贡献一种见解……所谓文化，我是指一个团体为了位育（适应——引者注）处境所制下的一套生活方式。我说一"套"，因为文化只指一个团体中在时间和空间上有相当一致性的个人行为。这是成"套"的。成套的原因是在：团体中个人行为的一致性是出于他们接受相同的价值观念。人类行为是被所接受的价值观念所推动的。

——费孝通（1999，第四卷 1946—1947：300）

河村水利农事上的团体化合作，是由生产6组设立水会开始的。之后，其他6个生产组也效仿并成立相应的水会。事实上，建立在7个生产组基础上的水会都是以这种生产集合而结合起来的，但这是一种形式的表面，因为生产组基本沿袭了生产队的划分，是依据家族聚落而划分的。也就是说，水会的组建很大程度上依托于家族。然而确信无疑的是，水会的组建是河村村民整体或群体利益的需要，这种需要更来自农田灌溉中集体合作或群体行动的效果与成本均优于个体农户行动的共识。

带头人、集体动员与水利农事合作的组织化

通常我们会把上述的共识作为理性选择而成为产生集中行动的动力。然而这种集体利益或团体需要作为组织化的动力，并没有自发促成水会的设建，而是在"领头羊"（带头人）的发动下组建的。因为，在河村的田野调查中，河村给笔者呈现了这样一种文化："山东农民一群羊"，喜欢结群，更喜欢跟着"领头羊"走。他们也向笔者解释了一些其他的含义，比如羊不能赶（压制），越赶越成群（抵抗）。这种集体或团体性格也在水会并建中表现了出来。在各生

产组成立水会之后的第二年，为了在与邻村水事争端中胜出，7个生产组的水会联合在一起，并建成统一的河村水会。不久，改称为河村水利合作社。但以后的灌溉等合作事务依然由各生产组的水会负责，也就是说，各组的水会是农户合作行动的实体，而水利合作社只是作为一种组织的形式所指。

在笔者对河村村民寻访当时初建水会的访谈中，他们都说出这样一个公认的"领头羊"人物李宏庆，而且也谈到李宏庆正是自设建以及其后并建水会以来而成为村内有威信的大人物，遇到什么事一般都请他出面。然而，笔者的调查发现李宏庆此前并没有所谓的"政治经历"，也就是说，他没有出任过任何政府基层干部，是一个地地道道的民间人物，我们不妨称之为民间领袖或社区带头人。另外，他在其李氏家族中的辈分或长幼次序只是居中的，这也决定了他在传统家族的"教化性权利"① 结构中的服从地位。对于其权威的获得，其实很明显，既不是习俗继承下的精英循环，也不是外在法理的赋予，而是一种马克斯·韦伯（Max Weber）所说的"卡理斯玛（Charisma）"式的②。

---

① 这里的"教化性权利"是借用了费孝通先生对于传统乡村社会"长老统治"分析中的一个概念。在费老看来，教化性权利是介于横暴权利和同意权利之间的一种权利结构类型，来源于社会的继承式的更替。参见费孝通《乡土中国 生育制度》，北京大学出版社1998年版，第64—68页。

② 依据韦伯的界定，"权威"可以分为三类：神异性权威（charisma）、传统权威（tradition）与科层式权威（bureaucracy）。"神异性权威"，指的是个人利用创造对众人的福利获得声望，从而具有一定的支配力量和尊严。由于此种权威不经政府界定和干预，因此韦伯又称其为"自然权威"。"传统权威"，指的是某种制度在长期的存在中，逐步获得公众的承认，成为具有象征力、道德和行为约束力的存在。"科层式权威"，其力量来自正式的官府以及工作单位上级的任命，以行政等级为其存在基础，涉及制度的建制，因此是官僚式的。参见王铭铭《村落视野中的文化与权力》，生活·读书·新知三联书店1997年版，第269页。

　　换言之，李宏庆作为水会组织化实践或水利农事集体合作的带头人，在率领大家摆脱困境和为大家谋福利的过程中获得了威信。与其这样说，不如说是时势（社会文化与历史生态的背景）造就了"卡理斯玛"式的人物。诚如克里福德·吉尔兹（Clifford Geertz）对这一权威所分析的，社会在时代中产生了若干"中心主题"使一些领袖人物有机会将自己塑造成时代"中心主题"的代言人①。对此的详细分析，笔者放在了"可操作的权威"这一部分的行文分析中，在此不做过多的表述。

　　从李宏庆关于水会设建以及并建的回忆中，我们可以较为明晰地看到河村水利农事的组织化过程。

　　……当时（农历1984年6月），又碰上了天旱，秋庄稼缺水都干枯掉了。那时，村里唯一的机器、水泵（灌溉工具）却坏掉了，修也没修好。河村干渠也需要疏浚，垄沟更需要重新修正。全村的每家每户都急得像热锅上的蚂蚁，因为我们这里有句乡言（民谚）叫"有钱难买五月旱，六月连阴吃饱饭"。当时以及前两年，大家都想集资搭伙计（搞合作），大家伙一块灌溉农田，这样省钱又省力。单家单户也买不起那么贵的柴油机器和水泵，而且村里的唯一机器、水泵要一个队一个队地轮流使用，并且每家每户都要挨号排队等。我们村当时有600多户人家，你看可

---

　　①　\〔美\〕克里福德·吉尔兹：《地方性知识》，中央编译出版社2004年版，第159—164页；王铭铭：《山街的记忆——一个台湾社区的信仰与人生》，上海文艺出版社1997年版，第106页。

要等到啥时候嘞。很多时候，都耽搁了庄稼种植和生长的节气。

说实在的，当时每个人都想出头筹资建个水会搞"合伙"（集体合作），我们村以前（中华人民共和国成立前）就有这样的合作集体（团体）。其实，也说不上集体（团体），就是每家每户都参加，重要的是集合大家的资金和人力，"共同出钱，共同出力"。……那时，我实在挨不住了，就大清晨起来（上午）到咱们李家门的街上，去"喊街"。然后，大家伙就在街头上议论我的提议。晚上又到我们六组的每一家每一户去"说"，也就是去发动大家结帮（联合）起（成）一个集体（组织），既能把大家伙的钱用在刀刃上，又能有效地组织统一的灌溉和管理。对于我"说"了什么，跟清晨起来（上午）喊的一样，我对这（说的东西）可是思考了很多天，也就是想怎么把各家各户发动起来。其实，我们村很信仰毛泽东主席，而且也很看重传宗接代、代代接上茬（延续）。很详细的是记不起来了，但大体上说了以下三个方面的内容：一、毛主席曾讲过人多力量大，团结就是力量，共同合作就能克服困难。二、从长远上看，我们不应该只看重咱们这一辈（代）有饭吃，更应该为下一辈（代）打造好的生活条件和基础。三、我们都是同一个祖宗，是一家人，应该同甘共苦。不管怎样，大家都赞成我的说法，也都在第三天晚上，借在街上乘凉的机会集合到一块，共同商量咋着"办"，咋样找到大家都

78

一致认为满意的搭帮结伙（合作）办法，让大家"共同出钱，共同出力"。①

　　且在此暂时打住李宏庆回忆的讲述。从李宏庆发动或者说动员大家（生产六组的农户）"集资同力"设建水会的说辞中，我们也可以总结出如下三种集体动员方式。

　　一是毛泽东信仰中的认同作为动员方式。在笔者的调查中，河村有这样一个特色，那就是几乎每家都张贴有毛泽东的画像，家境好的还摆设着镀金或镀银的毛泽东雕像。尽管这是现在的景象，但村民们都说是由人民公社沿袭下来的。事实上，这里（1984 年）对合作热情的再宣扬，也说明了毛泽东信仰的延续，其更易被作为社会动员方式与集体行动联系起来。但这很大程度上也侧面反映出人民公社期间，毛泽东信仰依然作为行动的方式和原则对乡村日常生活的超强整合与支配。

　　二是"造福后代"作为动员方式。在李宏庆的讲述中，已经很明确地提到"很看重代代延续，繁衍不息"的乡村文化传统。对于"造福后代"这样的乡村文化传统，也是以往的乡村研究所缺失乃至被忽略的很重要的深层文化结构元素。"造福后代"的文化传统已由"己私"上升到集体利益，从其扩展意涵中，我们亦可以发现在"造福后代"这一纽带上，个人行动已上升到集体行动。这里的"造福后代"诚然一改私人联系下的"差序格局"，而是一种利益相

----

　　① 最初，李宏庆并没有详细谈到怎么"说"的以及下文中如何"做"的，而是在笔者后续调查中再次要求李宏庆给以回忆讲述的。这里由笔者整理统一了起来。

容的团体格局。如果说"差序格局"是平面联系上横向的社会结构
基本形式，那么"造福后代"纽带下的团体格局则是横剖面联系上
纵向的社会结构形式之一。当然，笔者对此也常这样的发问：后代
是狭隘的后代还是广义的后代？不过，诚如费孝通先生大彻大悟般
的论调："……在概念上可以分得清，在事实上常常可以并存的，可
以看得到的不过各有偏胜罢了。"①

　　三是家族情感的渲染作为动员方式。家族情感是一个人对于培
育他的乡土家族的感情。在他个人和他或为公或为私要服务甚或服
从的对象之间有着血缘的联系，进一步说，和家或扩展的家（家族）
之间的联系，就是家族情感。这种情感也多表现于日常生活中的父
子情谊、兄弟手足情谊，或许可以理解为是伦理本位下的家族生活
"群己"关怀。"群己"更是血缘基础上的长幼有序的社会差次的家
族情怀。家族生活中的情感动员，是乡村社会中较为普遍的。因为
家族更容易实现合作，其内在的关系与信任结构更倾向风险的道义
性共担。而且，家族也常常被作为利益诉求中的表达工具，显然这
是团体生活的趋向，但过多地局限于伦理期待。这里的伦理期待是
与利益期待相区分的。在一定意义上，家族生活中的伦理期待与斯
科特所论及的"生存经济""风险分配""道义承诺"具有互通性。②
固然，以上三种动员方式是地方性的，不能作为普遍意义上的结论
性话语，但对理解乡村社会的动员与集体行动也未尝没有启发意义。

---

① 费孝通：《乡土中国 生育制度》，北京大学出版社 1998 年版，第 37 页。
② ＼［美＼］詹姆斯·C. 斯科特：《农民的道义经济学：东南亚的反叛与生存》，译林
　　出版社 2001 年版，第 16—43 页。

街头文化与集体决策

对于怎么"做"，李宏庆说他当时也没有什么条理，他只是提了几个条条框框，说都是大家伙自己提出来的，通过共同讨论，大家保持一致的，就当作他们怎么"做"的规定。大体上有以下几个方面：一是怎么集资，怎么购买设备，怎么维护和保修设备，怎么购买柴油以及使用中分配柴油。二是怎么参加，原打算是"共同出钱，共同出力"，但讨论的时候因为有很多困难户而取消了，改为"有钱出钱，没钱出力"，不这样不行，因为大家都是一个"大家子"（家族）。如果任由不管，会被祖辈和后辈们骂的。三是怎么管理，谁来负责，由谁来管。四是怎么使用，怎么协调统一集体灌溉事务，地块农户顺序怎么排。五是怎么值勤（班），怎么调用人力。六是怎么保证农田灌溉质量，会头（首）、会员各有什么责任。

> 讨论商量后的第二天，我找了几个会"写"的人（会写，在河村通常指有学识、懂文化、会写毛笔字）帮忙，将昨天晚上的讨论结果统一了起来，算作我们水会的规定条文，每家每户都发一份（一共书写了三张红纸，毛笔字大的缘故）。讨论会上，大家也都推选我当水会的会头（首），但我提出不管钱，让大家再找个人出面管理我们的集资（大家伙平摊的钱，钱是按人口平摊的）。最后，由生

产队的时候任我们六队会计的李敬远负责集资和开支。另外，又推举了一个负责人手调配的。第三天，我们三个都各带些人，忙了起来：买机器与水泵（共买了两套），修垄沟，修畦埂，买柴油……第五天，我们都安了家什（机器、水泵）开始忙活着浇地了。这时候，大家也都松了口气。后来（不久），其他生产队（组）也都学咱们，搞（成立）了水会。

又要打住李宏庆的讲述了。这里的"做"实际上展现了集体决策的图像。通过李宏庆的讲述，我们可以发现集体决策是在街头上完成的。事实上，从李宏庆的"喊街"到发起议论再到组织讨论，这种个人行为向我们展示了一种集体表象，这种集体表象显然是有文化意涵的。

"喊街"固然不能称作仪式操作，但却是河村村民的日常惯习。当遇到什么事，或者求助，或者表达不满，或者诉苦，或者表达抗议，或者集合商量什么大事，都亮开嗓子，大喊一通。对村民来说，街是大家的，是公共的，"喊街"是他们生活中理事的日常规则。如果两家闹纠纷，河村村民们最常说的一句话就是"咱们到大街上评评理去……"除了自家的庭院以外，街上或街头成为他们日常生活中又一重要场所。然而，这里的"喊街"多是男人们的事。对于村里的女人来说，她们更多的则是"骂街"，通常只是为一些鸡毛蒜皮的小事。诚然，街头成为河村村民的公共空间，这种公共空间维系着村民的日常生活联系：合作、冲突、休闲、娱乐，以及政治和文化，乃至日常生活中的经济交换。如果将这种街头文化看作是传统的，那么其更展现了中国的"乡土本色"。这使我想到周作人先生散文中"街头的空气"和"女人骂街"的腔调。不过，这种腔调更在他开展的乡村民俗研究中被给予了研究地位。①

在乡村街头文化中，男人们的"喊街"与女人们的"骂街"是不同的，这似乎也很容易被村民们区分开来。男人们知道女人们在骂什么，无非就是那些日常琐事；而女人们也知道男人们在喊什么，多是些关乎利益的大事。某种意义上，这种差异往往被作为一种性别象征，不仅显示了男女不平等的含义，也生产着乡村社会性别的支配秩序。这也许是与乡村社会中男性与女性的权利与义务的不均等有关，用河村村民的说法就是"男的挣钱养家立业，女的持家做饭带孩子"。然而，也有男人"骂街"的，不过这种骂街多表现为示威、抗拒。若这种骂街由个人行动上升到群体行动，就被村民称为"游街"了。让我们再回到集体决策的场域上来。

在对喊街、骂街、游街这样的街头公共生活的引证解析中，我们不难看出，李宏庆讲述中的议论与讨论乃至过程中的集体决策也是村民公共生活的一部分，更是村民对街头公共空间的使用与拓展。街头公共空间使用与拓展中的事件以及活动，具有丰富的公共象征意义，浓缩出乡民日常生活中的文化规则。或者进一步说，街头公共空间的事件以及活动展示着乡村的文化。对于街头文化不再赘言了，有关乡村社会秩序研究的部分将会详尽地讨论。不过，值得一提的就是王笛先生对于城市街头文化研究的著作已经出版，但尚未

---

① 赵世瑜：《眼光向下的革命》，北京师范大学出版社 1999 年版，第 92 页。

有中译本面世。不管怎样，这对于乡村街头文化的研究亦是颇为有益的。①

家族作为组织化的基础

另外，在李宏庆的讲述所勾勒的集体决策图像中，其集体决策方式和过程呈现出一种道义性的集体主义表象，也呈现出民主决策的集体表象。这种道义性的集体主义是与家族伦理密切相关的，李宏庆的回忆充分说明了这一点。而道义性的集体主义是由生存、交往、处事中延展开来的，这作为传统是有着长远历史的。《礼记》有谓："不独亲其亲，不独子其子。"《孟子》也要人们"老吾老以及人之老，幼吾幼以及人之幼"。而讲"兼爱"的墨子也在宣称："视人之国若其国，视人之家若其家，视人之身若其身。"显然，这些话都在宣扬一个大家庭，宣扬用家族伦理去涵括生活和社会。② 道义性的集体主义与日常生活中家族的情感动员，都为水会的发起与组织化提供了一种预设的可能性与可行性。

更进一步说，家族是水会的制度基础，显然这里的制度是非正式制度。明代思想家何心隐曾在"身家"与"国天下"之间探索过

---

① Di Wang. *Street Culture: Public Space, Urban Commoners, and Local Politics in Chengdu, 1870—1930*, Stanford University Press, 2003。

② 梁漱溟：《中国文化要义》，载《中国现代学术经典·梁漱溟卷》，河北教育出版社1996年版，第510页；费孝通：《皇权与绅权》，载《费孝通文集》第五卷1947—1948，群言出版社1999年版，第466—502页；中国思想宝库编委会编：《中国思想宝库》，中国广播电视出版社1990年版，第913—914页。

"会"作为理想的社会细胞，并论及"会"存在的形式和机制问题。何心隐认为"会"要从一宗一族做起，然后逐步广及全国，遍于天下。也就是说，何心隐的"会"不仅是一种讲学的组织形式，更是他的理想社会的缩影。① 固然，何心隐的"会"与笔者研究的水会是不同的，但他的"会"却隐含了中介性社会群体或第三领域的含义。② 然而，何心隐之于"会取象于家"的论述却也同历史与现实生活实践中家族作为水会制度基础在很大程度上是相通的，对其文做如下引述是必要的。

　　夫会，则取象于家，以藏乎其身；而相与以主会者，则取象于家，以显乎其家者也。不然，身其身者，视会无补于身也。家其家者，视会无补于家也。何也？视会无所显无所藏也。乃若天下国之身之家之，可以显可以藏乎其身其家者也。会岂小补于身于家已乎？……小补于身于家已也，可象天下国之身之家之所显所藏者乎？必身以主会而家以会，乃君子其身其家也，乃君子以显以藏乎士农工商其身其家于会也。乃仲尼其君子而身而家于国于天下，以显以藏以会也。会将成象而成形矣。③

通过上文的引述，我们不难发现何心隐的社会思想主要在于设

---

① 蒙登进：《何心隐反封建的异端思想》，载陈鼓应、辛冠杰、葛荣晋主编《明清实学思潮史》，齐鲁书社1989年版，第282—310页。
② 陈其南：《传统中国文化中的伦理思想和社会理念》，载杨国枢主编《中国人的价值观》，（台北）桂冠图书公司1993年版，第273—320页。
③ 何心隐：《何心隐集》（容肇组整理），中华书局1960年版，第28—29页。

建介于传统家族与国家之间的社会共同体，而具体落实到实际的社会情境中，一个是面向由传统家族聚居社群所扩大普遍化的社群团体，一个是面向建立在师友关系上的学会及其在士农工商阶层的"取象"。事实上，何心隐在明末封建制的社会历史条件下，已经迈向以上两个方向的实践，他一方面在自己的家乡建立一个称为"聚和堂"的社区性共同体组织，另一方面则致力于讲学，并建立讲学组织，如在北京所设的"复孔堂"、在湖北孝感所办的"求仁会馆"等。① 显然，"聚和堂"是血缘基础上的地缘性社群，或者说是今天所称谓的社区性团体；而至于"复孔堂"之类的团体更类似于今天的职业性团体。

由此可见，河村水会作为乡村自发性的社群，同"聚和堂"这种地缘性共同体组织有着共同的实践基础。这一基础则是血缘纽带下的家族。然而，近代华北的家族组织在形式上仅存残余，兼具祠堂、族谱、族田、族长四种特征的家族已不多见，并呈现出衰落趋势。② 中华人民共和国成立后的很长一段时间，家族生活中的各项行动被列为"四旧"予以了批判和"清除"，也就是说，华北的家族势力是更趋弱化。人民公社解体之后，收缩的家族传统虽然再兴，但其弱化的状况并没有得到改观，在河村依然主要体现在续修家谱（族谱、宗谱）和兴立族长方面。从这样一个视角审视，我们可以发现河村水会不仅是家族基础上再组织化的社群形态，而且很大程度上又是家族弱化的结果。

---

① 陈其南：《传统中国文化中的伦理思想和社会理念》，载杨国枢主编《中国人的价值观》，（台北）桂冠图书公司1993年版，第273—320页。

② 郑起东：《转型期的华北农村社会》，上海书店出版社2004年版，第169—175页。

对于"大家伙自己提出来""共同讨论""大家保持一致""带头人推选"所呈现的民主决策的集体主义表象，与其说是一种人民公社体制下宣扬民主的集体主义的传承或延续，不如说是对传统或文化在日常生活实践中的改造。

其一，家族主义的弱化更是乡民对浸淫其中的历史、社会、文化环境变迁的选择。这一方面与华北人口迁徙的移民文化有关，这种文化更表现在宗族间联络的失去和浸退；另一方面则是人多地少去大家庭化的结果，或者说是"华北人口过剩"与"小农经济内卷"致使简化家族传统的选择[1]。

其二，家族组织的弱化必然一方面导致农户集体福利的下降，另一方面却又使农户期待其他组织化的社群团体增进他们的利益或福利。由上文可知，河村水会是传统家族聚居社群扩大化形成的社群团体，或者说水会的组织化基础是家族这种社群形态。换一种视角，河村水会显然是乡民对传统的家族组织化形态的改造，以图通过社群团体谋求福利，使自己得到个人利益[2]。

其三，在传统家族主义社会中，个人是缺乏独立自主性的，但个人与家族的关系在不能分割之中却展现出一种和谐。而在人民公社体制社会中，个人也是缺乏独立自主性的，但个人与人民公社的关系在超政治与经济规制下的集体主义之中展现出的却是一种不和谐。从李所讲述的集体"民主"决策图景来看，其实现了和谐与集体主义的融合，这种文化传统的改造显然是在农户或乡民独立自主

---

[1]　黄宗智：《华北的小农经济与社会变迁》，中华书局 2000 年版，第 304—308 页。

[2]　\〔美〕曼瑟尔·奥尔森：《集体行动的逻辑》，陈郁、郭宇峰、李崇新译，上海三联书店、上海人民出版社 1995 年版，第 6—7 页。

性发挥基础之上实现的。

可操作的传统与文化以及和谐主义

上文的分析，事实上已经向我们展露了一种"可操作的传统与文化"，这里的"可操作"显然是引申的。不过，我们有必要发挥一下它的引申意义。乡村民众或村落共同体或社区自发性的社群，一方面在日常生活实践中延续着传统、传承着文化，而另一方面又创造着传统和文化。延续、传承、创造都体现着一定的操作程序，这种操作程序就是日常生活实践的需要。那么，如何拥有传统与文化，谁在操作传统与文化，又是怎么操作的呢？

对于如何拥有传统与文化，其实就是社会记忆的结果，或者所谓仪式与身体、生活实践的口头与文本阐释。也正是社会记忆的操演者——乡村民众，在传统延续和文化传承的日常生活中操作着传统与文化。正如保罗将社会记忆视为社会结构的惯性一样，日常生活中纪念仪式的操演和身体实践的习惯或惯习，不仅延续着传统和传承着文化，也并实践着社会记忆。[①] 然而，我们平常所讲的社会记忆，并不是作为社会运行机制的社会记忆，而是社会记忆中的"陈年往事"，或者说是发生学意义上的"回忆"和"口头传承"。

对于作为"可操作传统与文化"主体的乡村民众，笔者这里借

---

①　\［美\］保罗·康纳顿：《社会如何记忆》，纳日碧力戈译，上海人民出版社2000年版，第1—6页。

用王铭铭先生"日常的英雄"这一概念来概括其主体性特征。事实上，日常生活的英雄不仅表现了其作为"可操作传统与文化"的主体性，而且更展现了其作为这一主体的创造意涵。王铭铭先生对于生活史中的日常性和英雄性的分析，从另外一视角精辟地论及了传统和文化的可操作意旨。传统和文化的可操作意旨是指向历史和文化以及社会再生产的，而"可操作"与"再生产"都是以日常生活实践或行为的社会记忆渗透或嵌入为基础的。王铭铭先生的这一视角正是面向历史、文化与社会的再生产，其论述颇为值得作如下引述：

> 生活史包含了日常性和英雄性两面，这是因为我认为人的日常行为实践是社会生活的主要组成部分，而英雄性则是个人作为社会人和独立的个体"创造历史"的体现。换言之，从生活史的描写，我们可以表述人之外的各种宏大历史和不同时间感的文化如何"再生产"人，可以体现人作为无法控制命运（由个体之外的因素决定）的个体如何"再生产"历史和文化。同时，我也可以获得一定的空间从日常的社会再生产中发现个体的"变通"和创造，或者用我在上面用过的词汇来说，个体参与历史创造的英雄性。①

———————

① 王铭铭：《山街的记忆———一个台湾社区的信仰与人生》，上海文艺出版社1997年版，第170页。

就"可操作的传统与文化"中的操作而言，其自然是为了乡村有秩序的生活，渗透并呈现日常生活的不同实践领域："待人处事"行为以及过程中可以依赖与诉求的日常规则与路径、冲突的消弭与合作的达成、当前困境、未来风险与内心恐慌的消除（寄托于仪式表达、神鬼与祖先的祭拜和纪念等），最终实现村庄秩序和乡村生活的和谐。

这里笔者又引申出和谐主义的论题，现在提出来加以讨论。如前文所言，李宏庆的讲述给我们呈现了民主决策的集体主义表象，但若作深层次思考，民主决策的背后却隐含着诸多的日常生活和行为规则。"共同出钱，共同出力""有钱出钱，没钱出力""各抒己见，集体商议，保持一致"，显然这只是表面的逻辑。笔者在河村的田野调查中发现，这一表面逻辑和民主决策的集体主义表象是与乡村民众日常生活中"待人处事"的日常规则和路径息息相关的。对于"待人处事"，用河村乡民的话来说就是"我为人人，人人为我""每家一人，每人一份""一家有事，众家扛；谁家不扛，煮凉汤，终老莫进咱祖堂"等，它们作为日常行动的规则和路径包含了人群关系与人际规范、社会规范与社会维系、社会分配与社会公正的个人观以及社会观。

不难看出，也是较为容易把握的那就是涉及资源与利益分配中的平均色彩，这往往是作为保持公平、维持平均的符号象征体系而发挥着导向甚或制约作用。延展开来，上述规则与路径更展现了一种"乡土情理"和"互惠关系"。这种乡村社会中"情理中事"的规则的确维系着社会并关系着社会秩序。这种乡土情理不仅与费孝通先生的"礼治"和"无讼"社会相通，更与张德胜先生的"秩序情结"相像。① 而对于互惠关系，其显然是对人群关系与人际规范的概括；就其发生前提而言，则是一种相互依赖和相互回报。诚然，这里的相互依赖和相互回报是相沿成俗的，其作为人际规范表达和实践着人群关系。就以上三个层面所阐述的实质而言，民主决策的集体主义表象背后的日常行为规则是对人与社会关系、社会与国家关系映像的展现。

　　然而，对于中国人的行为或行动的逻辑，不论是个人主义还是集体主义，都不能令笔者满意和释怀。这是因为河村的经验告诉笔者，集体主义表象下的"个人行为"与个人行为中的"集体主义"表象是相映交融的。换言之，河村乡村民众的日常生活与行为规则和路径既不是集体主义，也不是个人主义；就相映交融的内在意理而言，其所指向的是一种和谐意象。如果说个人主义强调个人利益与个人自由，注重通过个人努力获得个人利益与福利以及相应地提高对社会约束的抗拒，那么，集体主义强调的则是集体或社会利益与协作一致，注重通过集体努力获得集体或社会利益与福利和超约束性的集体或社会控制。而河村乡民日常生活中的"我为人人，人人为我""每家一人，每人一份""共同出钱，共同出力"等诸多行动规则，却说明了集体利益的背后是个人利益，集体主义的中轴是个人主义。也就是说，集体主义蕴含了个人主义，是对个人主义的统合。若剖析上述行动规则的深层结构，那么我们就会发现"我为

---

① 费孝通：《乡土中国 生育制度》，北京大学出版社 1998 年版，第 48—58 页；张德胜：《儒家伦理与秩序情结：中国思想的社会学诠释》，（台北）巨流图书公司 1989 年版，第 158—159 页。

人人，人人为我""每家一人，每人一份""共同出钱，共同出力"
"有钱出钱，没钱出力""一家有事众人扛"所诉求的是日常生活面
向的和谐，却也呈现出古老而持久的思想基调："和、合、安、均"
中的"天人合一"。

由钱穆先生和余英时先生对中国文化的精辟分析中，我们亦可
略见一斑。钱穆先生认为中国文化是"和合性"的，通过律己的伦
理道德排斥个人英雄主义而强调集体合作，注重的是"通天人合内
外"的和谐状态；余英时先生则认为中国文化是内倾的，注重"人
与天地万物的一体"和"和、安、均的状态"，通过"礼"，以"个
人的自然关系为起点"，而达到"自我求取在人伦秩序与宇宙性秩序
中的和谐"。①

如果，沿着钱穆先生的思路走下去就是集体主义，顺着余英时
先生的分析却是个人主义。事实上，两者论证的主题或终极核心的
确如是，各指向彼此的一端。不过，个人主义被余英时先生修正为
个体主义。显而易见，笔者同以上钱穆、余英时先生二人的主旨性
观点，皆是背道而驰的。因为笔者从集体主义与个人（体）主义中
提炼出和谐主义的论题。就和谐主义而言，它来自日常生活的日常
行为规则，取自中国文化的深层结构。就以上管见所及，可谓尝鼎
一脔，是具有普遍意义的。简而言之，集体主义和个人主义对中国
人的价值体系和行动逻辑的表述都是有失偏颇的，仅限于表层的抽

---

① 钱穆：《从中国历史来看中国民族性及中国文化》，香港中文大学出版社1979年版；
余英时：《从价值系统看中国文化的现代意义》，（台北）时报文化出版社1984年版，
第88页；杨中芳：《中国人真是"集体主义"的吗？——试论中国文化的价值体
系》，载杨国枢编《中国人的价值观》，（台北）桂冠图书公司1994年版，第370—
371页。

象和概括而缺少深层的行动准则挖掘和文化传统涵括。在笔者看来,和谐主义才切中要旨,恰到好处地凝练了对乡民日常价值观的涵括和对乡民日常行动逻辑的诠释。

和谐主义,强调社会的和谐性,是一种内外、公私、群己之间可以扩展的社会关系。而这一社会关系的背后,则是农户村民之间交往互动的行为准则。从中国文化传统的深层结构来看,个人、血缘共同体(家庭—家族)、地缘共同体(村—乡)、国、天下,构成了一体化的同心圆。同心圆的一体化结构视社会的和谐秩序为理想,推崇混合的整体价值。这种整体的价值观,也塑造了整体观念的行为准则。然而,这种整体观念不同于集体观念。因为集体观念重团体轻家庭并抑制个人,而整体观念则重家庭轻团体并不抑制个人。"国家兴亡,匹夫有责",顾炎武道出了个人、家、国、天下的整体互构关系。我们一方面可以看到家的价值,另一方面却也看到群己模糊的边界。吊诡的是,和谐主义的行动逻辑却也模糊了这一模糊,并经由乡土情理描绘出依附、连带、均分、共有、同存等集体行动实现的路线图。

第五章　再生产的逻辑与机制：
乡土情理下的集体行动选择

观察人类行为，我们可以看到人类并不是为行为而行为，为活动而活动的。行为或是活动都是手段，是有所为而为的。不但你自己可以默察自己，一举一动，都有个目的，要吃饭才拿起筷子来……总是有个"要"在领导自己的活动；我们也总可以从这问题上得到别人对于他们行为的解释。……文化尽管有一部分可以无关及无益于人类的生存……因为乡土社会是个传统社会，传统就是经验的积累，能累积就是说经得起自然选择的，各种"错误"——不适合生存的行为——被淘汰之后留下的那一套生活方式。不论行为者对于这套方式怎样说法，结果是印合于生存的条件。

——费孝通（1999，第五卷 1947—1948：383，386）

还是让我们再回到李宏庆的讲述中来。从下面的简单讲述中，我们可以看到以全村作为整体在"边界水事"中的集体行动。这一集体行动促使了全村各生产组水会之间的合并，也强化了带头人的权威形象、水会在乡民心目中的位置以及寻求福利提高的集体归属。这一并组过程也展现了乡村政治生活中的"地缘政治"形态。

可操作的权威与集体认同

乡村生产组都成立了水会之后，每家每户都很顺利地种上了秋庄稼，秋庄稼的灌溉、冬小麦的种植也都很顺利。河村这里村民常说，"民以食为天，禾以水为命"，"有了水，干啥都顺当"，水要是洪灾涝灾的水，河村百姓就遭殃了。1956 年黄河支流决堤的记忆依然被河村村民保留着。接下来要发生的边界水事自然也与水有关。也正是这一场边界水事，促成了大家利益的协调，并实现了河村水会的村级化统一运作。其实各生产组成立水会之后，新问题也随之而来。要说各生产组都接连着成立了水会之后，并没有让全村协调统一，涉及同一地块的水井使用，谁先谁后常争来吵去的，因为村子大姓杂。

那时候，李宏庆有这样一个想法：既然成立了水会，而龙王是主宰水的神，因而不能不供奉水神。供奉龙王是河村的传统，历来的龙王庙都立在前街西头河村干渠附近，这里有徒骇河的源头，通向金堤河。在龙王庙西南方向的不远处，有一处积水多年的水坑，就是河村传说中的龙潭。居住于河村龙王庙旁的皮铁记老人告诉笔者，水潭里有一条黑龙，能吞吸吐纳水。据他的祖辈和他至今的观察，逢遇大旱之年，金堤河都见底了，而此处的龙潭从未干涸过。听上去，这带有神秘色彩，恰恰也反映了河村村民的自然崇拜、信仰世界以及关于水的符号象征。以前村里每年都在六月二十四（农历）祭龙王求雨，通常是给龙王唱大戏来让他显神灵，全村以及邻村的人都过来听戏。如今，河村已恢复唱戏很多年了。六队（生产组）水会成立的时候，李宏庆就想祭拜黑龙爷，由于"文化大革命"期间的破坏，没有了龙王庙。于是李宏庆就找其他几个生产组的水会负责人，提议重建龙王庙（黑龙爷庙），再每年搭戏台唱大戏（社戏）。龙王庙是全村的，若要重建成为可能，必须全村人能够统一起来。在河村村民看来，大家统一起来，公社（乡镇政府）也无法阻挠，这样才是安全的。显然，这一古朴的行为习惯，带有了传统的"法不责众"的价值逻辑。

　　那个时候，我忽然冒出并建水会的想法，这样的话，各家族之间的行动就可以通过全村统一的水会而统一起来。这样不仅资金和力量大，而且也能集资重建龙王庙以及每年每度唱戏、听唱（戏）。另外，要统一起来，我还考虑的是把小姓的人家真正融（合）进来，村里有什么事，他们大多不想参加，没有积极的干劲。因为，咱村的小姓大多只有七八户人家，他们都被分到以大姓为主的生产组去了，有时候显得很孤立。三乡五里都沾亲带故的，一个村的不显（"显"，类似于社区的意识和归属），但一有事还是近乎的，应该互相帮忙的，俗话都说：远亲不如近邻，近邻不如对门。

全村有啥大事，就拿我提议重建龙王庙来说吧，是需要全村每家每户都赞成才能统一起来的，不然办不成事。这关涉到全村每家每户的"福"运。比如，有一家不参加，全村的祈福、求雨啥都不灵验。（当我问到为什么不灵验的时候，李宏庆的回答和村子里其他人的回答是一样的）这些都是老辈子传下来的，有很多这样的例子，我小时候乃至长大后到如今都听过很多很多周围的灵验与不灵验的事（所列举的故事，在此略）。当年的整个冬天，我都在东家跑西家走，联络一下每个生产组水会以及各家族的信（信，指的是彼此的共识）。大家之前是不怎么信我的，可能因为我说话没分量吧。我辈分在村里是不高的，只能居中，不过有点文化，也就是念过几年书，经历了"文化大革命"，说白了，什么也没学，就是看些《水浒传》《三侠五义》《杨家将》《三国演义》《封神演义》这些家里私藏的小说，长了些见识（当时，李宏庆曾向笔者出示了还保存完好、已经发了黄的有些破旧的侠义小说）。那一年（1984 年），我带领全队（生产组）成立水会之后，大家多多少少总是信我的，由于我们几个生产组的水会，应该说是彼此的家族之间，在龙王庙分摊重建的钱（资金）上没有达成一致，所以当年冬天没有搞统一，水会自然没有并到一块。

第二年（1985）春天，河村与邻村黄村（归属河南省范县）因引水灌溉起了矛盾，双方闹得很大。这倒也给全村各生产组水会的联合与统一创造了机会，使全村人都一条心争取河村干渠引水灌溉的疏通，这关系到全村各家各户的利益。从河村一位曾担任公社时期井机管理的师傅宋安同的讲述中，笔者得知河村当时又逢上了春旱，而且旱得厉害，地下水位比较深，抽不出水了。现在不会存在这样的难处了，都打了深水位的机井，而且都是电力的。不过，当时金堤河与徒骇河是有流水的，只能依靠河村干渠引水灌溉了。河村干渠的渠头就在金堤河与徒骇河的节点上，由于干旱，河的水位自然也是低的，邻村黄村为了取水方便，把这个节点上的水闸给关了。结果，河村干渠无水可引了，这使得全村人都很愤怒。那时候正是春旱和小麦枯黄需要用水的节骨眼上，黄村那样做自然引起了全村公愤。起初，只是几个看不过去的人，零零散散地去找黄村的人讨说法、要公理，让他们开闸，可黄村的人不听，而且说法也很霸道。因为水闸的切口就在黄村的村子范围内。而且黄村不归山东管，是河南的村子，并且金堤河也划归河南管。1964 年以前，范县归山东时，这样的事很少出现。也正是范县划归河南后（1964 年 4月，范县金堤以北的古云、樱桃园等 5 个区由范县划归莘县），两省搭界的村子时常会闹矛盾，有为耕田地界争的，也有为排水沟渠吵的，更有为某些争执而打斗的。像这样两省交界的村庄闹纠纷，那时乡政府一般是不会管的，两边的（双方）乡领导都不好介入。即便介入，都是私底下的调解。虽说私下调解是不正规的，但却也符合乡里规矩。对于这样的两村之间的纠纷，往往还是通过两村之间内部进行调解。

最后，河村与黄村争吵得越来越厉害，大家结伙结群地在边界田头抗议和理论（争论，讲理），并且有几个人结集了几个生产组的年轻人，带了家伙（农耕用的工具或用作武器之类的）要去和黄村的人拼打。那时候，村里人都认为这是水事官司，理应由水会去处理解决这些事情，而且大家见了面都问李宏庆怎么办，让李宏庆出面去解决。的确，那时候河村已经不能再忍受黄村的霸道，也不能让全村的人叫苦叫怨了。确实，如果解决不了春旱时期的灌溉，下半年以及来年（明年）就可能真的填不饱一家人的肚子。当时，李宏庆出面把60多个去打斗的年轻人拦了下来。宋安同说黄村敢这样做，是有后台的，他们村出了些能人，在乡镇、县政府以及地区里都有做官的，他们也常常仗势欺人。其中，他们村里的人当时还有担任地区市委书记的，现在已卸任了。所以当时不能硬碰硬，李宏庆想通过集体施压进行谈判。

于是，我找了其他生产组水会的头目，每个水会组织每家每户出一到两人，在河村干渠（前街西头）集合。另外，我又找了村长兼村支书刘鹤飞，他是原来河村的生产大队长。之后，又去叫来了村里在乡政府当管区书记的王祥义（王官屯王家的）和李德达（李家胡同李家的）。当时，在河村干渠渠头集结了 1000 多口人，我告诉黄村的人，让他们找一个代表，或者请他们的村长出来。不然的话，我们就把蓄水闸砸开。说实在的，黄村是个小村，见到这个势头，不怕才怪，他们也临时搬不来救兵。当时，我又说我们乡里管区的李德达和王祥义书记来了，请你们的村支书也来这里。因为这是最为见效的法子，黄村支书与我们村村长是战友，又都与李德达和王祥义认识。结果，黄村支书和他们村里一个代表赶着过来了。我的提议解决方法是相互忍让（包容），都是乡里乡亲的。很顺当，水闸在递烟谈笑中被打开了。谈判很简单，没有争执和对抗，双方都是熟人，自然就解决了。

之后，我就在村长兼村支书刘鹤飞和李德达、王祥义在场的时候，找来了其他生产组水会负责人，顺势也让他们表了态支持我们村并建统一的水会，搞集体水利合作。当时，村长刘鹤飞很支持的，他说这于己于人都有好处。在这种非正规场合，李德达、王祥义也自然是支持的，让我们搞一套方案，在乡里也做些宣传，他们是知道水会就是给咱全村谋福利的，没啥坏处。就这样，全村的人心齐了起来，知道全村一联合起来就强势，而且也知道把行动搞统一，大家也都有饭吃，也都有"福"享。

边界水事这样一个外部风波，却使得龙王庙重建，也很自然得到了全村人的支持，大家都按人口数平摊资金，资金由各生产组水会会计统一负责管理。经过 3 个月的操办，也就在 1985 年六月二十三日（农历）那天，全村水会并建成河村水会，各生产组水会为分会。然后，全村每家每户都有人前来烧香祭拜祈祷，晚上就让水会请来的戏班给龙王爷唱神戏。也正是在给龙王爷"过生日"和"拜祭会"期间，河村的女人们是最活跃的。通常水会成员的妻子们也成了各项活动的主角。笔者与其中的秦风娥、崔兰香两位总是跑前跑后的虔诚香客进行了日常的多次聊天，听她们讲那时她们挨家挨户征收人口平摊的粮食用以置换成活动所需的资金，准备祭拜祈祷的香火和其间的早晚祭典。在河村，笔者也发现烧香祭拜多是女人们的事，男人们都成了身后的角色。当天，李宏庆也把村长兼村支书刘鹤飞找了来出席这些庆典。还有，周边邻村知道河村龙王庙落成要唱大戏，很多人也都赶了来"送香"。等到第二天，外村人才能烧香祈丰、祛灾、求福。六月二十四日，也就是第二天，一般唱 7 天的大戏（社戏）就开始了，全村每家每户以及各家的亲戚都来看戏听唱。而且周边的很多村子的人也都很早赶来看戏，一直到晚上才回去。其间人很多而且也很杂，有很多闹事的，当时李宏庆就召集了一批水会年轻的小伙子来维持秩序。

> ……不过，统一（并建）的水会（河村水会）大多是做些对内水利灌溉日程和地块协调的事以及对外涉及村庄集体利益的谈判与对抗。实际上，水会分会才是各生产组

真正统一合作的团体，也正是这件事之后，周边村的人知
道咱村的人多也心齐，都不敢和我们闹事。而且，周边邻
村也都来供奉咱村的龙王庙，逢年过节，送香火的很多，
到了唱戏集资收钱的时候，他们也有很多专门来送钱
的……每年这时候（6 月）也是水会集资和会头交接的日
子，咱村水会具体管事的会头（轮执会首）一般是由各生
产组分会的头头轮流做，顺序是在龙王庙前抽签决定的。
轮到谁，谁就要负责安排下年的水事协调和龙王爷庙会以
及社戏，灌溉设备的更换以及维修都是由各生产组分会自
行管理的。不过，水会有什么事以及村里和哪家哪户的事
比较棘手的时候，都常要我出面，大家都这么认为，说我
面子大，能玩得转（会经营）人情关系，更能说服人以及
动员大家。从 1985 到 1987 年这 3 年，河村水会和我们生产
六组分会的日常工作，都是由我来主持的。[1]

从上文李宏庆的讲述中，我们可以再现李宏庆作为卡理斯玛式
人物或社区领袖的权威获得。诚如前文所言，李宏庆作为社区带头
人的权威类型既不是传统权威，也不是法理权威，而是所谓的感召
权威，或又译为个人魅力型权威、神异性权威。不难看出，李宏庆
在水利合作的社区公共事务中通过村庄冲突事件实现了对全村人或
者说整个社区的动员，并将"个人魅力"与"神灵法力"结合起

---

[1] 《河村水会会首口述资料》，2002 年 8 月、2003 年 2 月、2003 年 7 月整理，括号内文
字为笔者所加。李宏庆作为笔者田野作业的重要线索人物和口述对象，他还于 1988
年初担任河村第一任村委会主任。

来，从而获得具有支配性力量或资源的威望。换句话说，这种感召力是与社区大众认同分不开的。我们知道，集体认同需要共识，而共识是与社会的、历史的、文化的、生态的背景相联系的。大抵而言，集体认同的程度越高，个人或集体的威望与权威越高。相应地，其权威的资源获取和支配能力越强。这里的资源与吉登斯（Anthony Giddens）所分类的权威性资源是一致的，都表征为对人类自身的日常生活行动行使支配的手段或工具。吉登斯认为资源内嵌于社会体系再生产过程之中，并将其划分为两种类型：一是配置性资源（对物质工具的支配，包括物质产品以及在其生产过程中可以予以利用的自然力），二是权威性资源。吉登斯否定了配置性资源在社会组织和社会变迁的过程中的决定性作用，认为资源不会"自主地"纳入社会体系的再生产过程之中，只有当居于情境中的行动者将它们纳入日常的生活行为中时，它们才得以运作。①

究权威运作之实质，权威之所以发生作用，在于其本身的可操作性。某种意义上，这种"操作"是与特定时空社会体系下的文化规则有关的，韦伯对权威类型的经典划分及其区分却又印证了这点，这正是以往我们所忽视的。进一步说，这种可操作的权威运作展现的是一种日常生活实践的逻辑。在河村地方性乡村社会图像中，冲突的消减以及风波事件的处理、示威抗争的动员以及仪式活动的操演，对于乡村民众而言，他们更多的是依赖于有威信人物的介入以及家族（血统）和村落区位边界（地缘）的情感支持及其认同。换

---

① ＼［英＼］安东尼·吉登斯：《民族-国家与暴力》，胡宗泽、赵力涛译，生活·读书·新知三联书店 1998 年版，第 7—9 页。

言之，这是乡村民众对个体性权威（社区领袖或社区精英）或群体性权威（水会、家族）或共同体性权威（村庄作为社区共同体）的诉求。事实上，这正是一种有意识的社会选择，权威是民众的态度以及行动的导向，然而又是民众操作抑或选择和培植着村间乡里的权威。

这里，笔者依据权威的主体而将权威划分为个体性权威和社群性权威，上述群体性权威与共同体性权威显然属于社群性权威，但并不是社群性权威的全部，也没有完全涵括乡村社会的权威类型。如果沿着社群的范围或广度＼［群体—共同体（社区）—民族—国家＼］，那么，乡村社会还存在着民族性权威和国家性权威。这里，我们所区分的权威有着两点明显的特征，一是并列性，二是限制性。从河村水会的组织化实践过程，我们不难发现，个人在乡村活动中的影响以及所发挥的作用，通常是个体性权威的表现，又往往与其"身家"（家族）和"桑梓"（村庄）是不可分割的。因为个体性权威发生效用的背后是其家族的力量和村庄共同体的力量，这里的力量更是关系资源与支配性资源获取与支配能力的表征。换言之，群体性权威、共同体性权威，乃至民族性权威、国家性权威在乡村社会的运作是借由个体性权威而突显以及发挥的。比如，国家性权威在乡村中往往是由村民委员会主任（村长）和村支书代理的，这是由于当前的很长一段时间，村民委员会的自治及其民间或社会立场都是弱化的。显而易见，在乡村社会中，个体性权威与社群性权威是共存或并列并交互限制而共同发生作用的。并列是可见外显的，而限制则是内隐的。虽然，个体性权威与社群性权威是共同发生作

106

用的，但其共同发生作用是以彰显某一权威而限制其他权威为前提的。比如，国家性权威的运作是排斥或限制其他权威的。

实际上，以上我们对权威的主体性分类说明了权威的操作主体，解决的是"可操作权威"中"谁在操作权威"的问题。需要补充的是，"可操作的权威"中的权威是所谓的民间权威模式。那么，如何拥有或获得权威呢？这在前文中已有论及，谈到的是卡理斯玛式人物的权威获得。在乡村民众看来，这不仅与带头人或社区精英的个人人格（"破私立公""尚同一义""互助修睦""均平求富"等）有关，而且往往与具体的"事"或"事件"有关，比如说某某人经过某件事以后，得到了村民们的尊重，让大家心服口服，大家以后也听他的。在河村水会设建以及并建的组织化实践过程中，李宏庆的权威获得更突出表现在社区公众的塑造。如果尝试分析权威获得的背后深层逻辑，那么这是与乡村情理社会中的关系运作与资源支配有关的。限于篇幅，这里只能一笔带过，以后再作分析了。接下来的问题就是，既然强调"可操作的权威"，那么又是如何操作权威的呢？正如前文所言，这种操作来自时空社会体系下的日常生活实践，是带头的权威人物或者所谓的社区精英围绕着社区公共事务以及所提供的集体福利或公共物品而展开的。这里我们又引申出集体福利或社区福利的议题，它所指向的内容是与团体化合作中的集体行动密切相关的，这也涉及乡村民众的生存机制问题。

民间集体福利意涵与乡村地缘政治

在乡村社会中，除了国家对于乡村社会水利基础工程建设的参与外，我们很难发现国家福利的影子。这种"治水社会"的福利逻辑，是自古以来就有的，而且是以加强朝廷或国家的控制为目的。这里的"治水社会"，笔者是借用了魏特夫的概念。魏特夫在韦伯有关东方专制社会的思想基础上发展出一个"治水社会"的理论构架，将水利系统与政治体系联系起来，认为在水利农业中形成的传统国家权力抑制了足以抗衡中央政权的社会自治力量的成长。正如应星先生所论及的，魏特夫所谓的"治水社会"到20世纪后半期才有了崭新的形态，兴修水利水电、防水抗灾不仅是解决粮食和能源问题进而迅速完成工业化的重要一环，而且使一次次浩大的水利运动成了国家对民众广泛的动员和对乡土社会渗透权力的过程。这在1949年后的国家建设中具有特殊的地位，治水社会的架构蕴含了中国社会政治秩序的合法性的再生产机制。其间国家参与的程度、群众动员的广度和水利投资的额度都远远超过了历朝历代。①

如果将水利工程建设视为乡村地方社会的国家福利，那么，这种福利是针对某个乡镇、某个县区乃至某个地区和省域的地方性福利。在笔者对河村的田野调查中，乡民所认识到的福利形式或公共

---

① 应星：《大河移民上访的故事》，生活·读书·新知三联书店2001年版，第357—358页；魏特夫：《东方专制主义》，中国社会科学出版社1989年版；曹应旺：《周恩来与治水》，中央文献出版社1991年版。

物品的提供仅局限于村庄范围，或者说是一种内向的；并且这种所谓的公共物品也仅限于村庄农田的机井、引水干渠，他们很难将周边河道的管理乃至大型的水利工程与"大家伙"的生存保障或福利联系起来；而且，这种以村庄为边界的福利指向的是"大家伙"或集体，不是他们自家农户或个人。然而，在莘县境内，是从1964年开始机井建设，之后的配套机械，诸如柴油机、电机和水泵等都由地区、县无偿调配到大队，后又改为由社队购置机械，大队统一管理、使用、维修、购油等。1981年，农业联产承包责任制在全县农村普遍实行；同年，机井机械也出现了专业承包、单井承包、联户管理和队建队管等形式。实际上，机井机械都固定给专人，很大程度上，这又回到前文中对于资源分散的分析。1985年后，多数农民联户或结会自购机械和自打机井，乡镇水利管理站不再定期巡回检查、维修以及向水利局汇报。① 这里又回到了我们对团体化合作中集体行动的讨论上来。对于通过集体行动而协力于农田水利的团体化合作，不仅提供了乡民们所需的公共设施和公共保障，更展示了一种乡村民众独有的生存机制。这种生存机制是与乡民的"社会处境"有关的，上文的论述已经展现了"社会处境"的文化意义。

相对国家福利模式而言，嵌入集体行动中的生存机制蕴含了一种民间福利模式，这凸显在农田水利公共物品的供给方面。在国家供给不足和市场有限的情况下，河村乡民选择的是一种集体合作的应对策略，表层的利益共享似乎是其行动的基础，但其中却富有文化意涵。实际上，集体行动中的民间福利模式面向的不是个人福利，

---

① 莘县地方史志编纂委员会编：《莘县志》，齐鲁书社1997年版，第174、190—194页。

而是集体福利。然而，集体福利意涵下的行动逻辑并不是集体主义，而是前文中所论及的和谐主义。这一点，上文中李宏庆的讲述可以说明这一点，我们这里再作一简单的回顾。李宏庆在讲述水会统一并建的过程中，提到了重建龙王庙，而且强调重建龙王庙需要全村每家每户都赞成，不然就不能做到龙王庙的重建。这关涉全村每家每户的"福"运，因为只要有一家不参加，全村的祈福、求雨等等都不灵验；只要有一家没有被顾及神灵庇佑下利益的分享，以后的祈福、求雨等都不再"显灵"，或者有求必应。说到底，这是一种村庄秩序的和谐。可见，和谐主义下的集体福利意涵，某种程度上又是与文化仪式实践所宣扬的话语以及语境相联系的。

对于乡村地缘政治的研究，笔者只能略提一下，作为引玉之砖了。从李宏庆讲述的并建水会过程中的重要事件，即所谓的"边界水事"来看，笔者将河村与黄村之间的冲突关系表述为地缘政治。对于"地缘政治"这一概念，笔者借用国际政治研究中的核心概念。这里，笔者所研究的地缘政治，指的是在村落边界认同基础上，以村落作为整体，在利益和资源获取中的集体行动，突出村落之间的关系。

这里的村落边界指的就是地缘意识。对于地缘，诚如费孝通先生所言及的，地缘是血缘的投影、地缘与血缘是不分离的，血缘的坐标把空间划分了方向和位置，地缘意识也决定了彼此的熟悉与陌生。① 村落边界的认同，在华英德（Barbara Ward）看来是一种"有意识的模式"，来源于乡民对自身社区与邻近社区差异的对照；在这

---

① 费孝通：《乡土中国 生育制度》，北京大学出版社 1998 年版，第 70—75 页。

个参照体系中，民间权威或社区精英人物扮演着重要的角色。[1] 比如，河村李宏庆作为社区带头人带领全村民众通过解决诸如"边界水事"之类的冲突事件，造成或强化了"本村"与"他村"的区别。

"以村落作为整体"以及"突出村落之间的关系"中的村落包含了自然村和行政村，由这一释义我们可以显现出两层地缘政治关系：一是（村庄内部）行政村建制下多个自然村之间的合作与冲突；二是（村庄外部）单一自然村建制和行政村建制中的村落之间的合作与冲突。比如，第一层关系多是发生在多姓村庄内的，自然村之间的关系融合与对抗通常突出表现在诸姓氏家族之间的利益均衡与非均衡；随着自然村独立性的趋弱，或者说村居空间中家族式居住格局的交融，其地缘政治多表现为派系之争。因此，笔者所指出的地缘政治包含了上述这层关系，但却不偏重于此。

也就是说，乡村地缘政治的研究重心在于第二层关系中建制自然村、行政村之间的合作与冲突。在李宏庆的讲述中，河村与黄村的"边界水事"冲突生动地展现了利益获取中的关系运作与资源支配。实际上，河村以及其他周边村落在以下诸多事件中也呈现出集体行动支配下的地缘政治生活。比如，各村对自己村庄范围内石油和燃气资源的"保护"，这种"保护"不如说是对村庄利益的控制，只有本村乡民才可以"合法地"使用国家在本村石油开发下的燃气资源以及"正当地"从本村的油井或石油管道掠取无成本投入的石

---

[1] 王铭铭：《乡土社会的秩序、公正与权威》，中国政法大学出版社 1997 年版，第 281 页。

油，这已经成为河村及其他周边村落实现全村致富的渠道。① 还有乡政府"逼民致富"（比如，政府用行政手段在全村推行种植大棚蔬菜、种桑养蚕等）中的村庄联合抗争，各村为争取乡镇建设项目或投资项目以及其他资源而展开的对抗等。对于这些事件的详细分析，笔者会在后续的乡村社会秩序再生产研究中进行深入的讨论，在此不作赘述。

对于利益和资源获取中的集体行动，之所以称之为地缘政治，是因为笔者将集体行动视为乡村民众的政治生活。其外显的原因可能在于集体行动的显著特征：冲突与合作以及维权与抗争中的村庄利益，或民间集体福利。而内隐的原因则是乡村民众的集体行动蕴含了"民生"与"民权"的政治逻辑，固然，这种之于"民生"与"民权"的追求实践是地方性的，或者说是一种村庄内向或内倾的。但另一方面又通过此类集体行动以获得日常生活中生存、自由、平等、民主等的权利以及这些权利的增加或提高②。就地缘政治中的乡村关系而言，其实质是村落之间的"资源"或利益竞争和"权力"斗争。

通过文中李宏庆的讲述，笔者概括出地缘政治中的三种关系模式：一是权力中心圈，这里的权力中心是乡镇政府；二是市场中心

---

① 这种所谓的"正当"与"合法"实际上都是不合法、不正当的，其"使用"多是一种集体的窃取国家资源行为。之所以"正当"和"合法"，是因为村委会干部以及社区民间领袖的"许可"和"支持"。这里类似于华尔德的"庇护关系"学说。参见华尔德《共产党社会的新传统主义——中国工业中的工作环境和权利结构》，（香港）牛津大学出版社1996年版。

② 胡佛：《中国人的政治生活》，载文崇一等主编《中国人：观念与行为》，巨流图书公司1999年版，第89—112页。

圈，乡镇的集市可被看作乡村市场体系的中心；三是祭祀中心圈，其祭祀中心则是地方性神灵的庙宇。这里的三种关系模式类似于费孝通先生人际关系中的"差序格局"模式，呈现出"从内到外，由强至弱"的权力和利益系谱。也就是说，处于中心或临近中心的村庄拥有或更容易获得支配性资源和权力，从而具有一种资源优势和权力强势。这种资源与权力支配的不均衡，既可能作为地缘政治发生学意义上的解释，也可能作为地缘政治下合作、对抗以及抗争性集体行动的结果。

同样，乡村地缘政治生活中，社区精英或带头人扮演着重要的角色，其动员能力是与其作为民间权威分不开的，并影响着集体行动的达成。集体行动的政治意识，通常由社区带头人加以发挥并给以表达，很大程度上映射出国家与社会关系的投影。这是下文笔者所要探讨的内容，在此不作论述。总之，乡村地缘政治研究是乡村社会研究中所缺失的，更是走出"单一村庄村内研究"限制的选择路径之一和有效的切入点。单个的村落民族志作为地方性知识的阐释，无法说明中国社会的整体性，鉴于此，施坚雅实践了超越单个村落研究的整体研究方法，着重地方共同体的研究，在对中国的农村社会研究中提出了市场共同体理论①。一定意义上，乡村地缘政治研究与其整体研究方法是一致的。

---

① 施坚雅：《中国农村的市场和社会结构》，中国社会科学出版社1998年版。

精英复制与国家吸纳

在前文的论述中，我们认识到集体行动中的领袖或社区精英通常扮演着重要的角色。社区精英抓住了其所处时代下社区大众的共有经验和理解，并利用其自我社区中的这种共享知识或材料作为建构行动导向的信息，在实现集体认同中达成一致的行动。很大程度上，社区精英的动员能力是与其作为民间权威分不开的，而民间权威的基础是有文化成分的。李宏庆作为水会集体合作的带头人，在一系列日常生活的场景或事件中被社区大众塑造为富有威信的"前台"人物。在河村乡民的文化视象里，李宏庆被戏谑为最终做了《水浒传》中"宋江"式的人物，被"朝廷"招安了。不过，乡民们的玩笑终归是玩笑，他们依然将李宏庆推崇为一个"为民请命""与民做主""一呼百应""敢做敢当"的"好汉"式的领袖人物，而且更将他视为村庄的"保护神"。从笔者对李宏庆和村民进行验证的访谈中发现，他们的说辞的确说明了这一事实。在 1987 年年底，李宏庆被镇政府直接提名（实际上，应是任命）为河村村长（村民委员会主任），从 1988 年开始了他任职长达 10 年的村长工作。事实上，这里面还有一个变动，那就是河村水会更名为河村水利合作社，由村委会和村支部直接领导。但河村水会（水利合作社）依然有自己的负责人，并且遵照龙王庙的仪式性质，实行会首更替。而且，河村村委会也利用乡政府司法系统之名，参照水会这种组织形式设立了河村调解会。对于这些延展的素材，笔者只能在后续的研究中进行详细的探讨了。

笔者这里感兴趣的是精英的生产或形成模式。像李宏庆这样的从社区民间精英到村庄政治精英，甚或至于社区文化精英、经济精英、民间精英、政治精英等精英之间的转变或交融，在乡村社会中是不鲜见的。目前，精英的形成与生产模式大体上可以总结为以下两种：一是精英循环，其核心是精英的更替或重组，强调精英的流动和非固定性；二是精英再生产，其核心是精英的延续或继承，强调精英的"代代相传"，即所谓的"父贵子荣"。[①] 上述李宏庆现象看起来应属于第二种精英生成模式，但又失之于准确和形象。鉴于此，笔者将李宏庆现象概括为"精英复制"。精英复制作为精英生产的第三种模式，核心则是精英的转化或位移，强调精英的"代内积累"。显然，精英复制是精英形成的又一种方式，往往个人之精英本身掩盖了这种关系，这自然也是"精英复制"的精英生产模式被忽略的原因。

国家地方化与地方国家化

通过是国家地方化还是地方国家化这样一个问题，笔者只想引出对乡村民众集体行动中国家与社会关系的讨论。目前，学术界基

---

① 涂肇庆等主编：《改革开放与中国社会：西方社会学文献述评》，（香港）牛津大学出版社 1999 年版；孙立平：《转型与断裂：改革以来中国社会结构的变迁》，清华大学出版社 2004 年版。

于以上国家—社会（农民）关系的两个议题，各有彼此独立的共识。一般而言，"国家地方化"指的是国家力量或意志在乡村社会的消退或弱化，即所谓的弱国家—强社会，或市民/公民社会模式。"地方国家化"则指的是国家力量或意志在乡村社会的增进或强化或泛化，即所谓的强国家—弱社会模式。① 事实上，以上观点暗含了如下假设或论题：国家与社会的二元对立以及力量强弱上的此消彼长；国家的主动性和支配性以及社会的被动性和受支配性；国家与社会之间的单向互动；国家之于社会或消退或增进的正向逻辑。下面将围绕这些论题展开集体行动中国家—社会关系的探讨。

从河村水利农事合作组织化的集体行动实践这样一个总体性的过程和事件来看，当国家力量退却之后，河村民众并不是被动的，而是通过民间自发的集体合作解决生存的困境；而且，国家的收缩也是乡村民众日常生活实践之需要的反映（详细论述，参见第二章）。另外，就国家对于乡村社会或农民的支配而言，农民不是逆来顺受的，社会并不是受支配性的。河村水利农事合作组织化的集体行动实践告诉我们，生存和传统以及文化固有的行动逻辑和日常生活实践中的路径重复和依赖都促使或支配被动员起来的农民为自己的"天空"（或生存空间，或权力空间）而抗争，集体抗争不仅面向国家，也面向自然生态。河村"遇事生风"所呈现的农民集体行动的文化逻辑充分地说明了这一点（详细论述，参见第二章）。不过，其集体行动基础或动员应再补加上神灵仪式实践体系下的集体

---

① 黄宗智主编：《中国研究的范式问题讨论》，社会科学文献出版社 2003 年版；孙立平：《转型与断裂：改革以来中国社会结构的变迁》，清华大学出版社 2004 年版。

信仰或认同。这里的"天空"，社区大众并没有意识到是自己的公民权利意识，却在这样传统维系与文化传承的可操作"天空"中实践着自我权利。因而，笔者认为国家—社会关系中的社会或农民并不是被动的和受支配性的。

当国家政权力量从乡村退却的时候及其之后的时间，笔者从河村的田野调查中发现国家政权并没有失去对河村的控制，而且国家甚或至于河村的各项工作也得到了良好并且有效的开展。换言之，国家政权虽然从乡村社会退却，但并不意味着国家政权力量在乡村的削弱或弱化，而意味着国家政权力量在乡村社会中的收缩。同样，当社会力量在国家获得成长之后，并不能说社会民间力量之于国家是增进或强化的，因为社会的成长并没有弱化国家的控制，只能说社会民间力量的扩展。因为收缩并不是力量消减或趋弱，扩展并不是力量增加或趋强。这里，笔者似乎进入了咬文嚼字的困顿中了，但可以肯定的是用力量的强弱来描述国家—社会关系是有失偏颇的，这种模式走向二元对立的困境或悖论是难免的。笔者只能做出这样不是令我满意或释怀的回答，国家与社会或农民的关系是"扩展—收缩"或"延伸—内敛"的关系，不是此消彼长的强—弱关系。也许，笔者想找出一个国家与社会关系的平衡点，避免国家与社会的二元对立。然而，黄宗智先生提出的"第三领域"根本没有超越二元对立的框架，而陷入了二元对立框架基础上的三元化（有关论述，可参见第二章的简单比较）。不过，笔者与黄宗智先生一致的就是在强调国家与社会的互动关系基础上寻求平衡。下文的分析会说明这一点。

　　鉴于河村的经验事实，笔者认为国家与社会的关系是一种双向互动的模式，而非单向互动的。然而，国家的主动性与支配性认识正是国家—社会关系单向互动的根源所在，这在前文已有论及。这里的单向互动固化在国家政权建设向乡村地方社会渗透或延伸和扩展的正向命题或逻辑上，显然这种逻辑是单线的。基于前文中笔者对于农民或乡村社会并不是被动的和受支配性的认识，笔者认为国家政权力量向地方渗透的同时，农民或乡村地方社会也向国家扩展，显然这是反向命题，共同构成国家—社会关系二维视野下的复线逻辑，其面向的是一种双向互动。

　　河村集体行动中"边界水事"冲突的消解，呈现出对国家法理权威的借助。在乡政府时任管区书记的两位出身河村的干部被请出面，即便是非正式的，但其身份却被乡民视作政府代言人。显然，国家法理权威的参与，是顺利解决这一"边界水事"冲突事件的一个重要因素。也就是说，一方面，乡村地方社会排斥或对抗国家权力在地方社会的渗透；另一方面，乡村社会却又在利益获取与资源支配的集体行动中，为达到行动目标而借助或诉诸国家力量。在河村民众看来，官员干部代表的就是国家和政府，说话就是法规条文。另外，河村集体合作中涉及地方保护神的龙王庙的重建以及展开的活动，既作为动员方式，又作为集体行动的目标之一。水会会首的轮流更替仪式、邻近村庄的"进香"和捐助资金等，这些都是涉及象征国法、皇权等特定意义的符号体系。这些符号体系作为文化模式却又是在国家政权向乡村社会渗透扩展的历程中，国家制度、法律法规被乡村地方社会记忆和历史化的结果。

在河村水事合作组织化的集体行动实践中，我们知道，社区领袖往往扮演重要的角色。在笔者同李宏庆的谈话中，笔者从他以及当地乡民对"民语"的诉说以及理解中，发现了又一种对于国家—社会双向互动关系颇有意义也极具普遍性的经验事实。在众人皆知的"上有政策，下有对策"民间话语体系中，蕴含了这样的学理规则：国家有时候并不能有效行使其权力控制，国家被迫或者说颇为理性地采用民间治理方式来治理乡村地方社会，这则意味着民间治理或组织方式的合法化，并表现为乡村地方社会向国家的扩展（即国家地方化）与国家力量向地方社会渗透延伸，或者说乡村地方社会收缩（即地方国家化）的贯通。事实上，在河村水会更名为水利合作社的事件中，国家或政府对乡村社会社区精英或民间权威的吸纳，以及乡村社会中集体行动的动员方式与组织方式被国家的利用或使用，也都说明了国家—社会（农民）关系的双向互动。同时，这也说明，国民关系在中国语境中不是对立的关系，而是协作的关系。

第六章　集体行动的格局、社会生活自主性与国家地方式治理

社会学的田野工作始于假设，终于假设。……在调查的每一个阶段所获得的概括都是对情境的重新定义。社会行动是由感知到的情境所组织起来的。对情境的定义是对社会行动的方向的一次校正。

　　　　　　　　　　——费孝通（1999，第二卷1938—1941：414）

通过一种"理解的知识"框架，围绕着人民公社之后河村水会的组建，从乡村民众日常生活的视角出发，用一种经验民族志的叙事解释的方式，在书面历史和口述历史之间的生活史中，笔者向大家展开来的是一幅"乡村社会中集体行动的图像"。通过上文五章的叙事解释和探讨分析，笔者可以简短地对本书初始所立意要探讨的一般性问题和总体性问题作出下述回应。

动员方式与决策机制

在乡民集体行动中，是什么将他们动员起来的呢，也就是说，乡村社会的"有效"动员方式是什么呢？笔者认为集体利益或团体需要作为组织化的动力，并没有自发促成水会的设建，而是在河村"领头羊"——社区带头人或精英作为"卡理斯玛（Charisma）"式人物的发起和动员下而组建的。其动员方式可以作如下归纳：一是毛泽东信仰中的情结认同作为动员方式；二是"薪尽火传"式的"造福后代"话语作为动员方式；三是家族情感的渲染作为动员方式；四是神灵实践与仪式操演体系下的集体信仰或认同作为动员方式；五是社区精英或权威的结构性认同作为动员方式；六是乡村社会合作与冲突中的资源获取与关系支配作为动员方式。

然而，动员之后，又是如何达成一致的集体行动的呢，是压力或者说规范还是利益的得与失，也就是说，达成一致集体行动的集体决策机制是什么呢？河村水会历程中集体动员和决策的图像一般是在街头上进行的。笔者认为"街头文化"作为集体行动"公共话语"的舞台，实现着日常生活"素材"与"问题"或"事件"的集体认同。也就是说，只有日常生活中的素材和问题以及事件被呈现在街头而展开公共的讨论或"说三道四""说长道短"时，才能引发集体一致的行为或集体行动。街头作为河村村民的公共空间，这种公共空间维系着村民的日常生活联系：合作、冲突、休闲、娱乐，以及政治和文化，乃至日常生活中的经济交换。街头公共空间使用与拓展中的事件以及活动，具有丰富的公共象征意义，浓缩出乡民日常生活中的文化规则。或者进一步说，街头公共空间的事件以及活动成为乡村民众集体行动的"布景"，而街头文化则表现为集体行动的集体决策机制。

家族生态、传统再造与复线关系

我们知道，乡村研究中谁都绕不过家族、传统—现代、国家—社会这些"结"，那么，在乡民集体行动中，彼此关系又是什么呢？其一，河村水会历程中集体决策的方式和过程呈现出一种道义性的集体主义表象，也呈现出民主决策的集体表象。这种道义性的集体主义是与家族伦理密切相关的。道义性的集体主义与日常生活中家族的情感动员，都为水会的发起与组织化提供了一种预设的可能性与可行性。更进一步说，家族是水会的制度基础，显然这里的制度是非正式的。人民公社解体之后，收缩的家族传统虽然再兴，但其弱化的状况并没有得以改观，在河村依然主要仅仅体现在续修家谱和立族长方面。从这样一个视角审视，我们可以发现河村水会不仅是家族基础上再组织化的社群形态，而且很大程度上又是家族弱化的结果。其二，对于"大家伙自己提出来""共同讨论""大家保持一致""带头人推选"所呈现的民主决策的集体主义表象，与其说是一种人民公社体制下宣扬民主的集体主义的传承或延续，不如说是对传统或文化在日常生活实践中的改造。在考察这一集体动员和决策图像的基础上，笔者认为它展露了一种"可操作的传统与文化"，这里的"可操作"显然是引申的。乡村民众或村落共同体或社区自发性的社群，一方面在日常生活实践中延续着传统、实现着文化传承，而另一方面又创造着传统和文化。延续、传承、创造都体现着一定的操作程序，这种操作程序就是日常生活实践的需要。自然，这种"可操作的传统与文化"也就意味着乡村村民在日常生活实践中对于传统与文化的再造。其三，国家—社会关系中的社会或农民并不是被动的和受支配性的。笔者只能做出这样不是令自己满意或释怀的回答，国家与社会或农民的关系是"扩展—收缩"或"延伸—内敛"的关系，不是此消彼长的强—弱关系。也许，笔者想找出一个国家与社会关系的平衡点，避免国家与社会的二元对立。笔者认为国家政权力量向地方渗透的同时，农民或乡村地方社会也向国家扩展，显然这是反向命题，共同构成国家—社会关系二维视野下的复线逻辑，其面向的是一种双向互动。同样，在河村水会更名为水利合作社的事件中，国家或政府对乡村社会社区精英或民间权威的吸纳，以及乡村社会中集体行动的动员方式与组织方式被国家的利用或使用，也都说明了国家—社会（农民）关系的双向互动。

认同基础与乡土情理

当我们在讨论集体行动的时候，即便不讨论集体认同，但很大意义上已经预设了集体认同的存在。那么，集体认同的基础是什么？河村乡民日常生活中的"我为人人，人人为我""每家一人，每人一份""共同出钱，共同出力"等诸多行动规则，却说明了集体利益的背后是个人利益，集体主义的中轴是个人主义。也就是说，集体主义蕴含了个人主义，是对个人主义的统合。若剖析上述行动规则的深层结构，那么我们就会发现"我为人人，人人为我""每家一人，每人一份""共同出钱，共同出力""一家有事众人扛"所诉求的是日常生活面向的和谐，却也呈现出古老而持久的思想基调："和、合、安、均"中的"天人合一"。其表达了资源与利益分配中的平均色彩，这往往是作为保持公平、维持平均的符号象征体系而发挥着导向甚或制约作用。延展开来，上述规则与路径更展现了一种"乡土情理"中的"互惠关系""风险共担的伦理""利益共享的规则"以及"公共仪式的操演"。这种乡村社会中"情理中事"的规则的确维系着社会或者关系着社会秩序，而社会的维系面向的就是和谐。这种"乡土情理"中的和谐主义实际上呈现给我们的正是一种所谓的"集体行动情结"，这种情结也正是我们所讨论的集体认同的基础之所在。具体来说，对于"乡土情理"中的"和谐主义"，我们可以在以下四种日常生活的实践体系中深化认识：一是互惠体系下的集体互助，二是风险共担体系下的集体合作，三是利益共享体系下的集体抗争，四是公共符号体系下集体操演。

动员能力与精英生产

社区领袖/精英在集体行动中居于什么样的地位呢？在河村水事合作组织化的集体行动实践中，我们知道，社区领袖往往扮演重要的角色。究权威运作之实质，权威之所以发生作用，在于其本身的可操作性。某种意义上，这种"操作"是与特定时空社会体系下的文化规则有关的，韦伯对权威类型的经典划分及其区分却又印证了这点，这正是以往我们所忽视的。进一步说，这种可操作的权威运作展现的是一种日常生活实践的逻辑。在河村地方性乡村社会图像中，冲突的消减以及风波事件的处理、示威抗争的动员以及仪式活动的操演，对于乡村民众而言，他们更多的是依赖于有威信人物的介入以及家族（血统）和村落区位边界（地缘）的情感支持及其认同。换言之，这是乡村民众对个体性权威（社区领袖或社区精英）或群体性权威（水会、家族）或共同体性权威（村庄作为社区共同体）的诉求。事实上，这正是一种有意识的社会选择，权威是民众的态度以及行动的导向，然而又是民众操作着抑或选择和培植着权威。另外，社区精英抓住了其所处时代下社区大众的共有经验和理解，并利用其自我社区中的这种共享知识或材料作为建构行动导向的信息，在实现集体认同中达成一致的行动。很大程度上，社区精英的动员能力是与其作为民间权威分不开的，而民间权威的基础是有文化成分的。李宏庆作为水会集体合作的带头人，在一系列日常生活的场景或事件中被社区大众塑造为富有威信的"前台"人物。

目前，精英的形成与生产模式大体上可以总结为如下两种：一是精英循环，其核心是精英的更替或重组，强调精英的流动和非固定性；二是精英再生产，其核心是精英的延续或继承，强调精英的"代代相传"，即所谓的"父贵子荣"。文中李宏庆作为社区民间精英被国家的吸纳，看起来应属于第二种精英生成模式，但又失之于准确和形象。鉴于此，笔者将"李宏庆现象"概括为"精英复制"。精英复制作为精英生产的第三种模式，核心则是精英的转化或位移，强调精英的"代内积累"。显然，"精英复制"是精英形成的又一种方式，往往个人之精英本身掩盖了这种关系，这自然也是"精英复制"的精英生产模式被忽略的原因。

集体行动的逻辑

通过上文五章的叙事解释和探讨分析，在对本研究初始所立意要探讨的一般性问题做出回应的基础上，笔者可以简短地围绕总体性问题作如下基本的结论：

事实上，对研究中预设的总体性问题的回答和解决才是研究要旨之所在。诚然，笔者视这里对总体性问题之回应为本书的基本结论。还是先让我们重申一下研究的总体性问题。中国人的行动逻辑是集体主义还是个人主义抑或其他？乡村社会中农民的集体行动背后的深层逻辑究竟是什么，是理性选择还是结构选择抑或其他？乡民集体行动的逻辑是嵌入还是独立于个人行动逻辑？

笔者认为中国人行动的逻辑既不是个人主义也不是集体主义，而是和谐主义。乡村社会中农民的集体行动背后的深层逻辑既不是一种理性选择也不是结构性选择，而是一种生存文化的选择。乡民集体行动的逻辑是嵌入个人的行动逻辑中，在和谐主义中又实现结构—行为主义与理性主义的交融：个体行动者可以作为一个理性行动者，然而却又嵌入到社会结构中去，并通过文化纽带的联结抑制了"搭便车问题"，并在一种和谐的状态中，个体行动者既获得了集体行动提供的公共物品，又积极地参加集体行动的达成。显然，这里集体行动的生存文化逻辑并不是被理性选择和结构选择行动主义所反对的"文化决定论"。因为生存文化在日常生活的实践中是一种可操作的文化。究其实质，日常生活实践和可操作文化之间的衔接点是特定的情境，也就是说情境中蕴含了生活的日常实践与文化的操作意义。进一步讲，河村水会围绕"过活"和"新生活"适应与追求所达致的集体行动是一种情境性选择。如果将这里的"情境"单一地理解为情境，这就有失偏颇了。显然情境背后广泛的社会背景，对日常生活的影响是巨大的。同样，情境背后的地方性文化也隐藏了人们行动的基因。

政治生活与社区公共物品

同样，乡村地缘政治生活中，社区精英或带头人扮演着重要的角色，其动员能力是与其作为民间权威分不开的，并影响着集体行动的达成。集体行动的政治意识，通常由社区带头人加以发挥并给以表达，很大程度上映射出国家与社会关系的投影。对于利益和资源获取中的集体行动，之所以称之为地缘政治，是因为笔者将集体行动视为乡村民众的政治生活。其外显的原因可能在于集体行动的显著特征：冲突与合作以及维权与抗争中的村庄利益，或民间集体福利。而内隐的原因则是乡村民众的集体行动蕴含了"民生"与"民权"的政治逻辑，固然，这种之于"民生"与"民权"的追求实践是地方性的，或者说是一种村庄内向或内倾的。但另一方面又通过此类集体行动以获得日常生活中生存、自由、平等、民主等的权利以及这些权利的增加或提高。就地缘政治中的乡村关系而言，其实质是村落之间的"资源"或利益竞争和"权力"斗争。通过文中李宏庆的讲述，笔者概括出地缘政治中的三种关系模式：一是权力中心圈，这里的权力中心是乡镇政府；二是市场中心圈，乡镇的集市可被看作乡村市场体系的中心；三是祭祀中心圈，其祭祀中心则是地方性神灵的庙宇。这里的三种关系模式类似于费孝通先生人际关系中的"差序格局"模式，呈现出"从内到外，由强至弱"的权力和利益系谱。也就是说，处于中心或临近中心的村庄拥有或更容易获得支配性资源和权力，从而具有一种资源优势和权力强势。这种资源与权力支配的不均衡，既可能作为地缘政治发生学意义上的解释，也可能作为地缘政治下合作、对抗以及抗争性集体行动的结果。

相对国家福利模式而言，嵌入集体行动中的生存机制蕴含了一种民间福利模式，这突显在农田水利公共物品的供给方面。在国家供给不足和市场有限的情况下，河村乡民选择的是一种集体合作的应对策略，表层的利益共享似乎是其行动的基础，但其中却富有文化意涵。实际上，集体行动中的民间福利模式面向的不是个人福利，而是集体福利。然而，集体福利意涵下的行动逻辑并不是集体主义，而是前文中所论及的和谐主义。这一点，上文中李宏庆的讲述可以说明这一点，我们这里再作一简单的回顾。李在讲述水会统一并建的过程中，提到了重建龙王庙，而且强调重建龙王庙需要全村每家每户都赞成，不然就不能做到龙王庙的重建。这关涉全村每家每户的"福"运，因为只要有一家不参加，全村的祈福、求雨等都不灵验；只要有一家没有被顾及神灵庇佑下利益的分享，以后的祈福、求雨等都不再"显灵"，或者有求必应。说到底，这是一种村庄秩序的和谐。可见，和谐主义下的集体福利意涵，某种程度上又是与文化仪式实践所宣扬的话语以及语境相联系的。

综上所述，从河村水会的进路、并建历程和身份易位这样短短的十年时间里，我们发现了传统家庭意识的复活，家族逐渐在村民结束对国家依附之后而崛起为重要的可以依赖与获取支持的社会资源。而当1988年年初，河村水会被纳入村民委员会的公共服务功能之后，集体行动式的集体合作却一步一步在公共服务的制度框架下渐渐弱化。水利机器的缺乏维护和难以协调的"早播"① 农耕冲突，使公共物品的集体使用越来越失去可能。在市场化不断深入推进的背景下，每家每户攒足了充裕的钱也逐渐开始独立购置轻便家用型的灌溉工具，1988年后三年时间里，共有近半数以上的农户开始了独立耕作。此刻，集体合作式集体行动也开始渐行渐远。

从这个意义以上来理解，我们看到了公共物品供给从民间集体自我管理与供给转向村委会的职能范畴。从村民委员会这个组织的权威赋予和支配的角度，我们理应看到作为水利公共物品的公共服务会更富有效益才对，然而我们没有看到这种局面，而是看到了民间集体公共物品供给的衰落。可以讲，当时村民委员会既没有做好管理服务，也没有运作起公共服务。李宏庆回忆当时的情况时，就是这样感慨和遗憾的。当然，这责任虽不在村民委员会，但两者之间也有着千丝万缕的联系。此后的很长一段时间，村庄的公共物品供给或者社区公共服务却随着市场的不断破冰而进入了冰河期。借用黄宗智和杜赞奇先生对于内卷化的分析范式，笔者将这种状况称为乡村社区公共物品供给的外卷化。这里主要是指随着自治组织的服务模式转向（半）行政组织服务模式、自发松散的团体组织的服务模式转向了法律上自治组织的服务模式，有了高一级的进阶，然

---

① "早播"代表了河村当地的农耕文化。在这里，种田靠"天"吃饭、靠"节气"冬播夏收、春灌秋肥。大家在播种和麦收、秋收的节骨眼上，都想早点种上田。正是在这样的逻辑下，最初始的组内矛盾和组间冲突又开始渐渐被放大。

而公共物品与服务却降低了效益甚或停滞不前，笔者则将这种状况称为乡村公共物品的外卷化。

　　从这里来看，我们也发现此类集体行动并没有保持和持续，而是作为对于社会制度变迁和日常生活情境的短期回应。这种现象的背后到底是什么呢？笔者认为国家在释放社会空间的同时，从来没有放弃过对社会的改造和对社会资源国家化策略的运用。1987 年 11 月，《中华人民共和国村民委员会组织法（试行）》通过之后，村民委员会的性质、地位、职责、产生方式、组织机构、工作方式和权力形式等得到了明确和具体的立法规定。河村水会从最初始水利设施的集体支付、集体共享和集体维护演变到乡镇政府社会、政治、经济等生活中诸多事务村民自我管理、自我服务的村民委员会中来。从笔者的多位口述对象所讲述的当时情形来看，1988 年年初水会头人及其班底被推到（任命）河村的政治舞台，正是有力的说明。从国家立场来看，显然国家希望通过制度改变由于自身收缩而释放的管理空缺，并期望农村内生的威权结构能够有效贯彻国家政策和维护农村社会的秩序与稳定。

第七章　结论：反身思考与扩展理解

中国基本的社会结构和生活方式都植根于农村这个乡土社会。这是中国的国情。因此，我认为认识中国社会，认识中国人，首先要认识中国农村社会，认识农村经济，认识农民生活及其社会心态。……从20世纪30年代中期的广西大瑶山调查和江苏太湖边上的江村调查开始，我为之奋斗了近70年。但是，我还不能说，我已认识中国社会了，我只是向认识中国社会这个目标接近了一步。我这一辈子是在不断提出问题，进行实地调查，有所认识、有所发现，继而又在新的破题和调查中走过来的。认识无穷尽，脚步永不停。

——费孝通（2005：1—6）

行文将近结束之时，总有一些反身后的思考和扩展后的理解。

从 1978 到 1987 年，短短的十年，出现了四次历史震动。1978 年，分土地、包产到户。1983 年，人民公社解体。1984 年，市场体制推行。1987 年，村委会建立。

集体化时代结束后的十年里，回归到独立的家庭个体的那段时代的特征，更多的是关于家庭联产承包责任制如何调动起大家积极性和家庭生活改善的历史书写。本书总体上则是在探讨这一时代主调的背后，存有这么一个被忽略的困难时期。那就是，从集体化合作到个体化家庭耕作，对家庭而言，既是蜜月也是艰难的磨合适应期。如何在当时市场亦是匮乏的时代，开展个体的农耕生活以及让农耕生活持续下去成为那个时代被忽略的农民问题。

"生活总要过下去"，在政府资源、市场资源等缺乏的情况下，传统社会的资源则回到了农民生活的重心。农耕激活了传统家庭/族意识，家庭合作社模式的集体行动成为那个时期农民面对生存问题的最大诉求与特征。

公允而言，那段历史除了刻有 20 世纪 80 年代巨变的成就光辉，也刻有民间所书写，与"集体喜悦"和"集体彷徨"交织有关的历史印记。这一诉求与特征和国家不断释放出来的社会空间有着一定的联系。

吊诡的是，传统家庭意识的复活只是当代历史中的沧海一瞬。传统家庭意识的资源动员和开发以及运用，只是那个时期面对的生存逻辑的缩影而已。自古以来，民间对于传统的应用，向来都是以实用为中心的。这一点，河村的历史无疑也说明了河村农民对于传统的改造。市场经济不断地破土发芽和成长之后，市场意识和价值成了又一个改变农村原貌的轴线。这条线是隐藏的。

这也是本书的最后，我们发现国家从未放弃对社会的改造，集体式的改造到市场式的改造，似乎并没有回到家国天下的传统砥柱上来。一方面，家庭意识的复活是短暂的，并没有持续下去，而是在乡村国家制度化的运作中，成为过眼云烟。另一方面，市场的冲击，商品的自由选择，也激活了独立自由的个体，事实上，也为今天诸多社会道德等领域的问题埋下了从集体主义失控到个人主义崛起的根源。中国式个人主义、中国式集体主义，这无疑是对乡村社会农民行动的最好诠释。集体主义和个人主义的糅合，似乎变成了说不清的东西。在集体主义和个人主义之间，讨论集体行动如何被动员起来和加以运作的，说到底，也许这就是民间智慧的高明之处，如何与外在和内在的社会之间和谐共处，既是民间生活最大的实用主义取向，也是最大问题。在集体主义和个人主义之间，如何把握平衡这一价值问题，也变成了乡土情理和日常生活实践的民间智慧操作，"和谐"作为历史最大的问题和主线价值，也被民间施展得淋漓尽致。

本书所书写的历史绝不是仅仅记录那个时代农户的生活反应，而是希望成为改革开放历程中农村社会农民回应时代的一面历史的镜子。这也引出本书不曾讨论，却也隐藏的一个问题：家庭是被解体了，还是被重建了？似乎，把视野转向三十余年后的今天，这个问题就明朗起来。所谓西方工业社会的"现代文明"特性也在书写中国的现代化历程。当家庭置身于现代文明的重围之后，传统中国的家庭已经日渐式微，或者还正在解体。在大国崛起的此刻，我们如何安放古国之文明？家国天下无疑是传统社会中国家与社会关系的本土书写。这是中国人独有的秩序情结，也是当今中国社会改造与治理不得不面对的问题。

搭伙与共存：行动原型与文化底色

以生存为目的的农民，可能会因为一个雨季甚或旱季，而失去他的收成，从而暴露在生存的挣扎边缘上。风险危机的应对传统"搭伙"，即河村村民所言及的搭帮结伙，乃是河村生存文化逻辑的最佳注脚。社群伦理的责任则被生存风险或无所适从感放大。而今，在河村，这些都已被遗忘，都已被侵蚀。在河村，蕴含传统伦理基因的生存文化一直拥有这种观念：一个人的饭三个人吃，一家子的活三家子干。这就是"搭伙"的日常生活现象呈现，这一"搭帮结伙"的日常生活实践也构成了集体行动的原型和逻辑起点。但是，深入地来理解，不难发现互惠伦理与生存文化的意义也成为集体行动的落脚支点。

应该指出的是，"搭伙"体现了原始的自组织能力和福利的初始形态。"帮"，则是互惠以及面向互惠的共同体。而"结"，一定意义上，主要指彼此之间关系的联结以及面向这一联结的行动支点。

搭伙，其实就是联合起来，一起搭个伙计，应对生存危机。在河村，如果忽略了公认的慷慨规范或者乡土情理，那么也则意味着，他就割断了自己与社会的关系。需要帮助时，就没有人伸出援手。印象深刻的例子，即便吵过架闹过纠纷的邻里或村里房室关系未出服的宗亲，遇到红白喜事，也要随礼。搭伙不计较谁帮谁干的多一点，而是为了更及时地赶工，完成季节农活。

事实上，在河村，闹干旱，大家的麦田和秋庄稼，都急着灌溉浇水。但是，在河村大家有一种共同的信念，认为只有搭伙联合，只有和谐共处，只有依靠大家的力量，才能走出季节收成的困境。显然，通过寻找共同或集体利益的依托点，就会给每个人每家每户带来好处。按地块划分，以机井为中心，由近至远的顺序规则，大家都相互照应包涵，有序有条，都可以分派到，不论地多的和地少的、家境殷实的和家境困难的、家里老人多的和家里小孩多的。

由此可见，后集体化时代的十年里，集体行动嵌入于村庄社队关系之中，成为一种特定生存处境下常规的社会关系，并支配村庄社会生活。河村村民之间农作耕息的种种关联，勾勒出地方村落的社会性格。与村邻共存，与家族共存，与乡里共存，人人受危的社会，无人独善其身。在河村，农家本身的风险被置身于整体不可分割的一部分。乡土村落生活的常识与经验，证实了如此的判断，集体行动是非常态的存在。回到河村水会的叙事，只是描绘了一个过去式的社会生活形式。

在危机风险时期，河村村民想要的是不是只是个体活下来？他们的记忆告诉我，显然不是。河村农人心中想要的是大家活下来。灾荒之年，任何一个个体都难以独善其身。个体意识之外的整体意识，显然成为自发式集体行动选择的主导价值。柯文的义和团研究，认为义和团运动是地方农人对山东干旱现象发出的本能反应。

因为河村农人认识到，身处共同的处境与文化，他们是知"情"的个体，他们共同生活的村落不仅是他们个体的容器，也是他们社会化的生态圈。当然，也正是地方化情境和血缘家系伦理再生产了知情的个体与社区。

家庭与社群：行动能力与合作关系

乡村村落社会，应当是血缘家系与地缘乡系结合的混合性社会。在河村，以家为中心，而家又不是孤立的，与家之外的家有着千丝万缕的关系，构成了乡土社会的依托。一家子、一姓的、一村嘞，说到底就是一个社群，或者一个狭小的共同体。在河村，流行这样一个说法："大家都是一个地方的，乡里乡亲都不远，都是亲戚连着亲戚。"乡土社会，村落社区，在农人心中只是一个区域范围。在这一没有范围界限而由差序关系或远或近甚至可远可近的具有弹性的区域范围中，家作为点、情理作为连线，勾勒出交错多元的社群关系网络。在河村，很明显的就有家族中心、社队中心、村落中心和乡里中心等多重的关系中心。

家与家之间的互相接济，发生在家庭之间、家族之中、村庄内部大社群之间。事实上，恩惠通常也作为乡村社区福利的初级形式。社区的福祉与家庭生计有关，通常取决于满足其生计需要或所迫、符合乡土情理的集体行动的能力，也就是合作发生的机会。

搭伙，作为互惠性交换，主要是家庭经济形态下的行动模式。你帮我，我帮你，好似初民状态类型的共同体，凡事讲求伦理准则。河村水会，作为集体行动的共同体，是乡村社区福利资源的供给者，实施的是一种民间的援助性的分配，主要使命是保护村落社会居民免于饥荒困苦和实施水利农耕协作。

差序性村落内外之间的人际关系格局，构成了地方"场"（场域）延伸与收缩的大小差异。从家到邻里到家族到宗族，从自然村落到行政村落，从生产小队到生产大队，这也构成了合作的情感基础。

水会可谓不是现代意义上的组织形态，而是在历史中一直反复出现的类家庭化形态的联合抗争与合作的机制。水会，作为河村村落社会农民合作的自组织，严格意义上，是由区域局部和时间周期或场域时空下的集体行动所促成，其组织的特点是一种非常规的组织机制，并无关乎组织背后专业化和分工的逻辑。这背后的原因当是没有所依仗的制度基础。或者说，可以将水会组织看作家庭意涵的延伸，颇具"小家、大家、一家"弹性的家庭中心主义之推崇个人责任以趋向于对整体负责，集体又对个人予以庇护的"生活哲学"。

简而言之，水会是依附性的共同体，附着于家与乡的逻辑之上，从属于家族关系以及诸姓族之间和谐以及协作关系的关联。人依附于家，家依附于族，族依附于村，村依附于乡。互惠式社会交换，一直嵌入乡上村落社会行动之中。人类的合作关系或者合作取向的集体行动，如同经济关系一样是镶嵌在人类的社会关系之内的。家庭中心主义强调根据需要，而不是个人利益最大化的方式。这也是河村水会合作化集体行动能力的来源。应该讲，生计需要的强度，会支配集体行动能力的强弱。在河村乡间百姓看来，生存是群体利益，是乡土生活的最高情理。

日常与记忆：行动机制与文化密码

作为概念的日常生活，是一种常态化重复化的日常状态。作为形式的日常生活，是一种不引人注目的事物。作为实践的日常生活，是一种经验累积的路径。作为记忆的日常生活，是一种被忽略琐碎不堪的往事。作为理论的日常生活，是一种行为惯性的想象。在河村的日常世界中，日常的状态、累积的路径，诸如面子、喊街甚或骂街等日常情境，就有隐性的召集力量。也许，琐碎不堪的日常生活情境，村社规矩、人言可畏、内外有别等，俨然成了集体行动的胁迫机制。

借用理论的眼睛观察日常生活，发现日常生活中以及之外的丰富内涵，诸如周而复始的形式、单调可知的规律、偶然未知的意义，理性合理行动的谱系。本雅明的日常生活观，更是别具新意地指出，日常生活研究好似捡破烂，还需要赋予艺术玩味的意象探索。如何从熟视无睹的大量重复的大杂烩现象中，发现潜在的运行逻辑。然而，现实中研究最为无能为力的是，只可意会而又无法准确表述出来的遗憾。但是，日常生活的语言片段、行为片段等，都足以让我们领略乡间常识的威力。诸如，河村村民一句："年景不好，明年怎么过日子啊？""没得吃，孩子们怎么熬呀"等都已经成为集体行动的动员方式。

生活中紧迫的问题，本身就是对生活秩序的挑战。挑战，自然也蕴含行动的机遇。在河村，搭伙的另一面意义也是集体焦虑的体现。村落社会克服集体焦虑的生活生态，通常借助于道德自然主义。在河村，道德自然主义，就是内化的行动规则，构成了乡土情理的内核。它是冷冰冰的理性之外有意味的伦理，文化语境中的秩序观，总是在公私规训之间。井然有序的村落社会，则无法脱离儒家德治传统的历史记忆。

日常生活场景放到了历史大背景中来看，历史事件表面上引起的是乡村居民日常生活的变化，然而，背后恰似悄无声息的政治变革是我们无法回避的触动因素。因此，在百年乡村社会演变格局中，乡村内外的关系一直发生变化，但内存的文化密码却没有彻底改变。

集体共通的时代记忆，稳定、生存与秩序的"内在"需求，使得人们经由生存面前的妥协与共识而达致合作式的群体行动。进一步讲，克己复礼的传统伦理价值，毋庸置疑是其价值背后的文化密码。从历史文化传统中寻找答案，经由风俗习惯、道德信念、历史情感、文化传统的记忆，从三五家搭伙到家族搭伙再到全村搭伙，成为河村乡间百姓重建自我和维护社会秩序的手段。

若是将河村本然的集体行动，放在乡土情理的文化视域之内，我们将洞察到生存文化实践的多个层面。家庭中心的家系社群和村落区域住户中心的乡系社群，作为两个彼此关联的关系网络社群，也构成了集体行动可能的基础。因为家族和地域的连带性，河村水会的合作化集体行动表现为复合性集体行动。

事实上，本书一直在挖掘特定性地方集体行动中的文化意义，然而却也自觉地呈现出地方性特定生存文化中的社会意义。应当说，集体行动是本书中处理的一个问题，而问题之外的问题则是乡村社会秩序的生产与再生产。两者有着共通的文化密码。

团结与和谐：乡土情理与社会秩序

乡土情理，实质上是一种村落秩序的保护机制。这种秩序是一种协作的秩序。乡土情理，构成了村落居民生活的习惯和行动的惯习，隐藏在秩序体系之中。乡土情理作为行动的规则，其背后的文化观点则是现实处境反映的价值累积，构成了一种潜在的扩展可能。情理之理，在河村主要面向"在理、明理，背理、无理"。理非理性，而是情理，情理之中则是伦理。

乡土情理的实质是什么？简而言之，就是"面之情，礼之理"，这构成了主导中国乡村日常生活的运行规则。"搭伙"背后传统的复归，这本身就契合了当时河村的内在需要，或者说是国家缺席的一种历史需要。稍作延伸，我们可以发现，文化传统短暂地支配了当时的生活实践。

集体化终结后的十年间，河村农人的身份从社系团体成员转化为家系团体成员，随后的二十年里又开始渐渐转化为独立个体成员。原来的国家庇护管制体系，也开始变为家和乡的庇护以及管制体系。事实上，河村人们的价值体系，在后集体化时代的十年里，传统价值体系也伴随家和乡的庇护模式渐渐回归，也开始从崇尚集体到依赖传统。随后的二十年里，由于市场机制的引入以及传统家庭的没落却出现当今的追求个人之私。那个时代，在家和乡的庇护以及管制体系下，没有从众的个体行为，往往被认为是不合常理常规的，通常也被视为秩序的威胁。

乡土情理秩序表达了整体意识的正当性，要求成员整体的互助和团结。团结理论往往重视社会的纽带，推崇人的共同存在。初民式的或机械的团结主义强调社会的团结特征，主张通过合作来解决社会问题和应对社会风险。

对集体行动而言，它体现了社群式组织的社会凝聚力与和谐程度。应该说，河村水会合作化的集体行动，是由河村的地方社会传统来定义的。美好生活伦理关系下的集体行动，是一种非正式的合作。水会可以理解为一个社群抑或一个组织，水会作为社群的强度高，伦理关系性强。而作为组织而言，其组织的规范性弱，契约关系性低。

集体化时代，"三级所有，队为基础"的人民公社制度实现了农田水利化，建设了比较完善的农田水利工程体系。而人民公社瓦解之后，农田水利工程也随之没有修缮和配套机制而逐渐再次成为问题。国家动员支配能力的瓦解，自然也是这一问题中的问题。近代孙中山先生一盘散沙和现代曹锦清先生善分不善合的感叹，似乎又一次成为困境。然而，这只是常规的表象，非常规情境之下传统的生活智慧为合作式的集体行动的实现提供了可能。

一种观察角度的转变甚或思考方式的转换，或许能给改革开放后或分地到户后家族传统的复归以及乡土社会秩序问题的理解赋予某种新的维度。如果将"搭伙"定义为乡土规约的日常生活方式，将"乡土情理"视为集体行动的伦理规则，将以家庭为中心衍生的集体文化还原成损益攸关脉息相通的生存共同体，那么，中华文化传统中的"和谐主义"则构成了中国人行动逻辑的深层结构。

埋伏于许多问题背后的文化的解释，也得以成为真正的命题。事实上，费老差序性格局之所以获得普遍性认可，正是因为对乡土情理观察系统的部分澄清。亲疏远近的关系主义，只是乡土情理生态的一个系统。进一步来讲，亲疏远近，忽略了大小伸缩的弹性以及一体化的圈层秩序。

乡土情理构成了日常生活中行动的价值与规矩，也决定大小和伸缩的弹性。灾荒时局，这意味着，生存文化背后的整体观念被推置到前台，然而却与天下社稷观一脉相承。国家治理的支配理念被民间日常生活所运用。重要的是，这已经勾勒出中华文化传统的缩影。

包产到户后，河村农家在喜悦之外，所面对的生计和生产困惑不能被遗忘。面对集体化生活与时代结束之后，河村农人的不适应与无所适从，河村社会秩序到底何以成为可能呢？应该讲，传统激活了乡土情理，围绕水资源和生存危机形成了合作化的集体行动，呈现了社会的自发秩序。这是一种互惠的秩序，也可理解为一种伦理秩序。

因为，在河村个人利益并未被推崇为至高无上的。如果将合作理解为交换行为，那么则是根据需要而发生的。在河村通常灾害是区域成片的，同一个村落是一个群体单位。而传统乡土村落社会，不会让它的成员挨饿乃至饿死，这里受威胁的是集体利益。但这可谓集体主义的表象，其背后的逻辑是和谐相处的传统伦理。以和为贵，和气生财，和睦友邻，和谐主义表现出一种伦理性社会秩序，也可理解为相互依赖相互支持性的社会关系，还可以理解为承继中华文化传统的礼治社会结构。

在河村村落社会，通过日常生活礼仪（诸如随礼）以及特殊时期的接济、搭伙、互助等，保持互惠互利、守望相助等和谐的社会关系，比占有财富和个人最大化利益重要得多。这也成为彼此之间的社会义务。由搭伙衍生的合作化集体行动，参加者彼此之间并不计较谁家的田多田少，谁家的劳力人多人少，耕作时间谁先谁后，履行这些义务似乎就是等价交换。显然，生活快乐、运作有序，在河村村民看来，大家不是得到的多，而是计较的少。等价还是不等价，交换的其实不是商品，而是互惠互助。当然，无法忽略的是，这也的确刻印上传统小农的特点。

关系与法则：社会生活与国家治理

乡土情理及情理法则，构成乡土社会日常生活及关系的支配规则。由河村搭伙现象所揭示的合作式的集体行动，体现了原始的生存方式。个体与集体、家与族、乡与邻以及社与稷，是协调一致的。中华文化传统中，往往以家的形象想象国家，家国同构的价值理念塑造了或大或小、边界或模糊或清晰的差序性共同体，滋生了家务式的事务管理协调机构，孕育了历史上分分合合的集体行动。"国家存亡，匹夫有责"的天下意识，将人们的活动或生存空间视为无边界的，乃至于是情境性的格式。这样一种关系格局，具有很强的社会取向。

这种对于社会取向的强调，在现象上表现为集体取向，但实质上是关系和谐取向。这一意义上，乡土情理呈现的或者就是指乡土社会中人与人如何相处的社会规范。当场域内某个人或某家遭遇到贫病困厄或生活上遇到重大难题时，其他人或家庭则应予以帮助。传统文化中的"不忍人之心"让人们彼此关怀照护，"己所不欲勿施于人，己所欲者之亦施于人"使得人们相互尊重并平等合作，对此内涵黄光国先生的人情与面子研究曾有精辟的分析。概言之，这也成为人们在面对艰辛灾荒时的生存困境、风险四伏中的生活危机，所采取集体取向的本然法则与自我治理之道。

不得不承认，正是因为有了这种乡土情理的处事规则、处境伦理和处遇关系，中国社会才井然有序而不乏实用智慧乃至和谐至上以及活力持续。然而，只有身处中国乡土社会，才能真切体会到日常生活中的行动选择源自乡土情理的深刻含义以及基于生活情境的价值伦理法则。因为，这里的和谐，主要表现在互动状态和关系维系两个层面。本书的愿景，有赖于乡土情理分析对于乡村社会秩序治理的延伸价值，并非肆意地发挥。

家庭中心的文化规则，看似是中华文化传统的缩影，却投射入地域而有着逻辑伸展空间。这也是差序规则的外推。地缘政治作为政治力学的产物，其正当正义性显现出差序格局的层级式辐射效应。进一步观察还会发现，在上述表象背后，尽管国家干预乃至治理缺席，但是家庭式集体化合作联结并衍生了国家观念意识以及国家秩序所及的规矩。意义不菲的是，这反映了一个事实，若是掌握了乡土情理，也就等于了解了乡村社会秩序生成的密码。

事实上，中国区域广阔，历史悠久而趋向同质的中华文化传统价值，不同的区域却也呈现出有差别的特色。乡土社会中血缘家系与地缘乡系双重关联的生活圈，也一定意义上凸显了伸缩的关系圈和行动圈，日常生活中诸多问题也必然诉诸对这一生态圈的依赖与借助。

由礼序结构而呈现的规律性线索，则是乡土情理的框架，其行事逻辑的根本在于圈内圈外有吸有斥有争有合的和谐。国民意识的支配不同于公民，在搭伙式的合作化集体行动中，河村农人从家推及族再推及村，推崇的其实是共同体生活方式而不是生活外的共同体。

田野与知识：平面个案与立体叙述

本书的用意，则是循着费老社区研究的传统，沿着乡土中国学派的足迹，追寻构建本土社会理论的线索。费孝通先生的《江村经济》《乡土中国》开辟了人类学异邦之外在地化的研究领域，启发了中国研究的社区分析范式的相关探索。

在田野与知识之间，我们总是在追寻社区研究中的文化阐释，注重历史想象与学术叙事。我们习惯看到知识的正面，却总是忽略知识的反面。

事实上，本书无可避免地带有家乡在地人类学的工作风格。这一风格的叙述色彩是共情或同情理解，是遵照田野对象的叙述来讲述他们的故事。通常这些故事，都是在宏大的历史主题之外，乃至有些是被遗忘和忽略的。在地化研究中，因为实用主义的文化脉络，导致无法避免移人耳目的价值判断，会令人产生文化幻想。如果我们的研究采用了"理解符合性取舍"，那么符合的、不符合的材料就会被研究者任意切割。

上述误区之外，选取式切片式研究的风格，也是在地化田野研究所无法绕过的另一面。思想源自田野，主要基于生活情境的文化挖掘或者是对地方情境的文化定义，并运用生活中的鲜活经验来予以阐释。田野工作者，通常以对具体生活场景的切身体验来阐述学术问题。这也为批评者所诟病，认为如是路径缺乏严谨性和规范性。

然而，在此必须明确的是田野工作就是经由研究者的自身来探索被研究者的生活世界，如此可以提供一个能够探究社会生活和开展社会分析的一个合理框架。

反观自己的研究，本书着重社区研究的情境或处境模式。在这种情境模式中，通常需要实现从代表性到超越性再到建构性，从类型比较分析到深描分析再到扩展分析的结合。回到费氏框架，可以看到这样的路线图：从处境性个案到区域性个案再到关系性个案。这里正是费老的学术遗产与研究底色。我们遵循这样的路径，也终将与格尔茨相遇，也必定会发现布洛维。本书的处境模式，主要在于实现平面个案与立体叙述的结合，从故事叙述到现象解释再到理论建构，从个别问题到一般问题再到扩展问题。在平面的个案中，如何进行立体化叙述就显得格外重要。而立体化的叙述侧重在纵贯的口述历史叙事中寻找个人与社会的互动和连接。

失去的文化生态与想象的未来图景

本书自明窥知一隅，难以洞悉全局。乡土村落生活，常常循规蹈矩，难有突破成规。自古至今，中华文化就有人类个体追求整体生存的传统。民胞物与之思想，和者生存之价值，成为时代延续而未被涤荡殆尽的文化生态。

家庭中心以及延伸结构，占据了中国传统社会的最高点。这一结构的复杂性则在于随着时代生活处境而不断变化，并融入村落文化的各个层面。

让笔者再重复地提起集体化时代终结后的 10 年。1978 年分土地，1983 年解散人民公社，1987 年设立村委会。当遭遇重大事件，农人所做的反应则取决于他们的基本价值。乡土社会的安居乐业、机械式的社会生活与有机式的农业耕作，也许是社会本真的和谐形态。

然而，将视野转至 30 余年后的今天，作为现代化象征的市场主义，已经侵蚀了乡土情理规则与道德生态以及关系秩序。市场社会的潘多拉魔盒一经打开，维系着社会的伦理道德随着个体化崛起而生的系列问题一拥而至。此时，我们也开始反思乡土社会的迷失：我们所失去的……我们所不能失去的。

不管怎样，传统坍塌之后的遗留碎片还是依持力量，都有其不变的精神内核。问题尚不止于此，日常生活的形式与实质是家庭的角色实现。乡土文化瓦解之后，家庭关系伦理已经拆分了传统的家系格局。现在所有问题，都指向国家的力量，都取决于国家。传统意义的家庭解体，现代意义的核心化、原子化家庭诞生。逝去的人民公社集体化的时代，神话已经不再被信奉。

若是用眼下的眼光，来看那个分地到户的时代，最坏的时代远未到来。喜悦之外的隐忧则被缩小了，显然乡土情理还在的时代还不是最坏的时代。如今，农村已不是原来的农村，乡土还会是原来的乡土吗？这或许是乌托邦的浪漫情怀……似乎，本书的关注点在于失去的世界，在于迷人的传统秩序，或者在于论述的浪漫。但是，本书正是起始于现实问题的回应，也面向现实问题的关怀。

社会秩序的内在结构是规训的层次。自发式、嵌入式和安排式权威，构成了秩序的线索。在文化遗产的讨论和反思中，如何在现代社会中承继和运用传统的价值？齐美尔的文化悲剧论警示我们，如果重建过去维系社会的各种道德观念习俗，现代社会治理到底是指向人心和心态还是指向工具和理性？

在本书中，笔者按照自己的想法思考人民公社学术史之外忽视的问题，造就了看待历史的现有视角"看不见的历史"：村落社会日常生活中大众的另一面生存状态和心态。

传统与现代的社会空间在缩小还是扩大？我们一直在探索二者交融的理想世界，路在何方，似乎依然没有答案。由民间搭伙传统而扩展衍生的合作化集体行动，正是对其所生存的时代的反应。本书对人民公社解体之后村落百姓的创伤性体验，情有独钟。如何面对乃至救赎去集体化后的集体化创伤，河村水会无疑是一次书写和反思另一面的努力。

1978至1987年，乡村民众处于生活的临界状态，村落社会也处于秩序的临界状态。集体化与非集体化之间的递嬗，合作运动改造所带来的伤痛式记忆，在无法预测的历史偶然乃至突然中，却用民间的智慧自动地呈现了合理的秩序。告别全能主义式国家和总体性社会，重新审视秩序性结构的变革，国家必须思考该如何面对消逝的传统。

古朴原始式"人人为我，我为人人"乡土情理的消解，使得传统观念与行为秩序崩坏，使得人与人之间的界限愈加分明，令家庭和个人的社会生活日渐孤立。乡土情理中的道德血液，自是无迹可寻。社会僵化和自闭行将结束时，传统社会之下的民间活力得以激活。那时，内在道德没有客观化为外在的法治。如今，村落社会也好，城市社会也罢，精神领域的乱象，都集中地体现在精神与物质的二元对立。一言以蔽之，传统的价值受制于在政治和市场之间的利益竞争秩序。

而今，面对附着太多现代性因素的中国乡村社会，乡土传统是否已经终结？明确来讲，农耕时代尚未结束，乡土情理依然是对"根"的相承和进一步的追问。因为，每个人心中都有一个故乡，原乡情结与家乡体验，根植于久远的传统。传统作为隐蔽的可以加以运用的社会治理力量，早已被忽略于治理秩序之外。

当今中国乡村社会，文化与社会结构的失衡致使市场在各领域的肆虐，乡土情理中关系感情与道德伦理，几近沦落消亡。这也是中国必须面对的治理难题。毫无疑问，我们离不开我们的传统。在可以操作的文化中，传统蕴含了集体潜意识与深层结构、自发秩序与情理规则。

是否存在自发的社会秩序？河村的历史告诉我们，一旦社会拥有了自主的空间，内部的规范与秩序在给予的空间下会自动生成。面向生存维系的文化传统和日常情理策略，显然，其作为合作取向集体行动基础的核心结构，对于后集体化时代集体行动的实现而言，是不可或缺的。乡村社会包含了具有张力的弹性：行为弹性、家庭弹性、秩序弹性。中国历史乡村社会治理，仰仗依持自身的主体性历来已久，中国人一贯持有生存的实用主义传统。河村的民间日常生活史，展现了时代的历史遗产，无疑对乡村社会治理的秩序结构和自组织能力具有重大启发意义。这个实例意义之外的意义，也许是政府如何方能塑造有活力的社会、有秩序的社会。

行至今日，今天我们更加迫切地需要将家国天下置身于现代理路下切入与激活的勇气与智慧。重建理治与法治的一体化社会秩序，从单向治理迈向共同治理，已经成为未来中国社会建设的关键所在。如果想象未来的图景，建设社会的自组织性，建设美好的生活，让社会性合作和伦理性共识给以生活梦想持续的可能。这让我们充满了期待。

在迈入工业化大生产时代，如何维系乡土民众之间的社会责任？乡土情理的意义，需要我们重新予以重视。传统道德伦理被抛弃，所有人都向往忽视群己界限的自由，所有人都向往忽视公共利益的个体利益。1987 年市场正式推行之后，乡镇企业的涌现将乡土重建之路带上了乡土工业化发展的轨道，中国对建立怎样的乡村社会秩序，未做出抉择——情理秩序、竞争秩序、法治秩序抑或统和秩序，20 年后，也就是 2007 年中国开启新农村建设，建设至今也并未给出理想的答案。而今 2017 年乡村振兴战略实施以来，中国农村社会再次面临重组。如今，不得不作为中国设计一个新秩序的开端。

附　录

附录一　河村田野作业的线索人物

说明：

1. 本书所提及的很多人名是笔者田野作业的线索人物和口述对象。现将其简要资料编成人名索引，以便于读者查阅。

2. 本书人名采用了田野调查研究的学术惯例，这里的人名均为技术处理后的学名。

3. 为便于读者查阅，人名按照在本书中出现的先后顺序进行排列。

序号	姓名	性别	出生年份	出现章节	基本信息	曾用称谓
1	王聿林	男	1930 年	第二章	河村由来、金堤河传说	父亲参加过红枪会
2	刘鹤岭	男	1938 年	第二章	多姓村庄、自然村落	
3	李敬山	男	1943 年	第二章	庙宇祭礼的荒弃和复苏	头脸人物

序号	姓名	性别	出生年份	出现章节	基本信息	曾用称谓
4	刘飞舟	男	1942年	第二章	移民的历史记忆	长老辈分
5	徐举贤	男	1946年	第二章	北方村落多姓聚落布局	
6	葛宇烈	男	1950年	第二章	土地集中、小农时代	地主、教师
7	李敬远	男	1947年	第三章	生产队解体	原生产六队会计
8	王祥信	男	1943年	第三章	农田耕作的资源分散	
9	李孝平	男	1959年	第三章	街头公共空间	
10	李孝国	男	1955年	第三章	平时观念的经验	二叔
11	李广增	男	1962年	第三章	街头公共空间	
12	杨和贵	男	1958年	第三章	民间自主性的反对	老三、镇政府干部
13	刘晓军	男	1963年	第三章	遇事观念的经验	
14	李宏庆	男	1944年	第四章、第五章	集体动员、兴建龙王庙	水会会首、村长
15	皮铁记	男	1939年	第五章	黑龙潭传说与信仰世界	祖辈参加过义和拳
16	宋安同	男	1950年	第五章	春旱以及邻村用水冲突	原公社机井管理师
17	刘鹤飞	男	1932年	第五章	纠纷、各组水会并建	村长兼任村支书
18	王祥义	男	1959年	第五章	纠纷调解	镇政府管区书记

序号	姓名	性别	出生年份	出现章节	基本信息	曾用称谓
19	李德达	男	1956 年	第五章	纠纷调解	镇政府管区书记
20	秦凤娥	女	1947 年	第五章	征收粮食、香火和祭典	李宏庆妻子
21	崔兰香	女	1945 年	第五章	征收粮食、香火和祭典	李敬山妻子

附录二　河村水会的主事安排轮换
与节气季节仪式周期

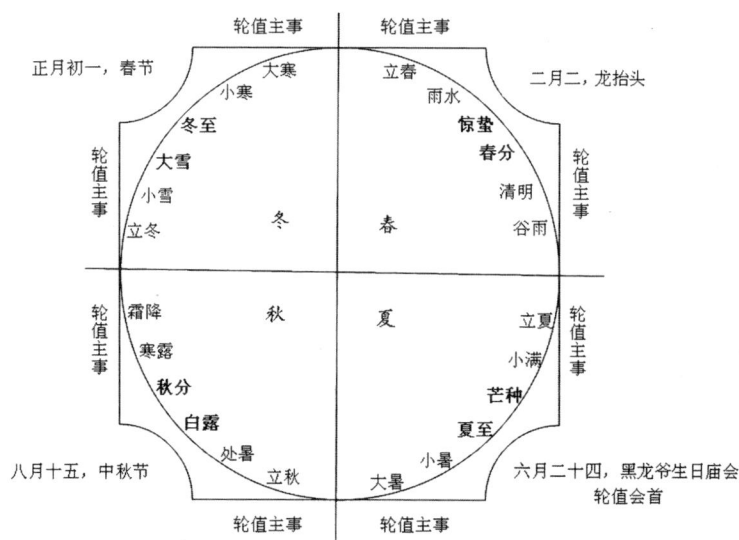

简要说明：

上图为河村水会的主事安排轮换与节气季节仪式周期图示。

在河村的季节周期中，春旱、夏旱、秋旱最为突出。

河村的季节仪式周期涵盖了全国性、地方性和村落性三重的年度仪式。其中，"二月二，龙抬头"和"六月二十四，黑龙爷（龙王）生日庙会"都是与"水"有关的农耕生产仪式，都是敬龙祈雨，以求好的收成。

轮值主事主要以生产组（生产队）为依据，而生产队则以姓氏家族与居住聚落进行划分。轮值主事主要负责协调生产组以及生产组之间相连地块的水利灌溉。

二月二，是河村一年农耕的开始。六月二十四，是河村麦收后秋作物夏种的季节，每年这个时候，河村以及周边的村民前来求雨。八月十五，是河村秋收冬播的节气时令。这些生产仪式实践，构成了河村一年最为重要的周期性农业生产生活。二月二和八月十五，在河村是以家户为中心的仪式实践。六月二十四，则是河村集体化的仪式实践。

六月二十四，在河村村民看来，是除了春节、中秋节之外最为重要的日子。轮值会首则主持黑龙爷庙会以及社戏的粮资平摊筹集和唱戏、祭礼等活动安排。轮值会首通常由会首在黑龙爷庙会时抽签决定，主要担当来年的水事协调、设备维护、征粮集资以及庙会和社戏。黑龙爷生日庙会的七天里，也是河村村民麦收秋种农忙后闲暇的一段时间。

河村惊蛰农事：每年3月5日或6日为"惊蛰"，主要指的是天气回暖，春雷始鸣，惊醒蛰伏于地下冬眠的昆虫。"到了惊蛰节，锄头不停歇。"这时小麦孕穗、油菜开花都处于需水较多的时期，对水分要求较多。惊蛰时节，河村冬小麦开始返青生长，土壤仍冻融交替。其间，气温升高迅速，但是雨量增多却有限。河村继常年冬干之后，春旱又开始露头。

河村芒种农事：每年的 6 月 5 日左右为芒种，主要意味着麦类等有芒作物成熟，夏种开始。河村，在此期间，一般麦田开始收割，并家家户户进行抢收。同时，晚谷等夏播作物也正是播种最忙的季节，夏收夏种同时抓紧。另外，春棉田浇水和追肥，也较为繁忙。河村村民常说，"春争日，夏争时"，"夏争时"就是指这个时节的收种农忙。在河村，村民们常道"三夏"大忙季节，即指忙于夏收、夏种和春播作物的夏管。其间，常见的灾害是暴雨或干旱。

河村白露农事：每年的 9 月 7 日—9 日为白露，主要指天气渐转凉，在清晨时分会发现地面和叶子上有许多露珠，这是因夜晚水汽凝结在上面。这一时节，冷空气日趋活跃，常出现秋季低温天气。在河村，此时节，炎夏已逝，暑气渐消。白露是全年昼夜温差最大的一个节气，一般昼夜温差在 10℃ 至 15℃，使得秋收、秋耕、秋种的"三秋"大忙显得格外紧张。其间，河村家家户户开始着手抢收秋收作物以及开展适时早播冬作物。常见灾害为低温冷害和病虫害。

河村霜降农事：每年的 10 月 23 日前后为霜降，主要指黄河流域一带出现初霜。霜降作为秋季的最后一个节气，是秋季到冬季的过渡节气。在河村，家家户户都赶着在霜降之前播种冬小麦。在河村，家家户户也都忙于秋收扫尾。霜降时节，河村也即将进入干季。

河村水会会首、轮值会首和轮值主事，多根据时节农事特点安排和协调浇水（水利灌溉）的时间与地块、合理地使用水资源以及各家各户之间的协作与协助。

附录三　河村与水有关的"二月二，
龙抬头"祈福信仰

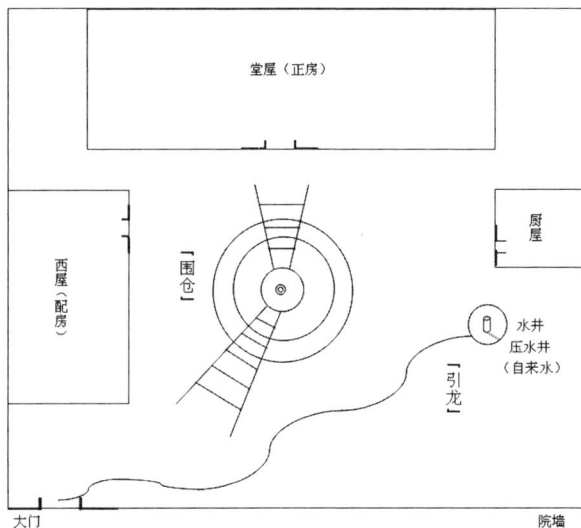

简要说明：

上图为河村农户"二月二，龙抬头"祈福风调雨顺和五谷丰登习俗的仪式操演略图。

农历二月初二，河村流传着"二月二，龙抬头"的谚语。这一天表示春季来临，万物复苏，蛰龙开始活动，预示一年的农事活动即将开始。

河村的地理环境与农村水利条件比较差，常年干旱少雨。而赖以生存的农业生产又离不开水，所以河村村民非常重视春雨。

在河村，二月二被称作龙抬头日。河村村民，非常重视这一节日。人们往往通过各种古朴的仪式，庆祝"龙头节"，以示敬龙祈雨，让老天保佑丰收。这种仪式表达了人们的愿望，也蕴含了河村人们农耕生活的信仰。这些古朴的仪式主要包括"围仓""引龙""炒豆"。

河村农家，每到农历二月初一傍晚，在自家院子里用灶灰撒成一个个大圆圈，大圈套小圈，中间挖个坑，将五谷杂粮放在里面，然后再画上"仓"的梯子。这就是"围仓"，其意就是预祝当年五谷丰登，仓囤盈满。围好后，农家的大人小孩在围好的"粮仓"周围走圈，边走边念着"二月二，龙抬头，大仓满，小仓流"。

二月初二一早，河村农户人家还要取灶灰从户外门口向着水井撒起，一路逶迤蜿蜒，旋绕水井，似一条弯弯曲曲的灰龙。这就是已不为流行的"引龙回"。

据河村年老的村民讲，他们小时候还要将灶灰沿着院墙周围一点点撒开，连缀成线，就是所谓的"二月二，围墙根儿，蝎子蚰蜒不上身"。往往那时，小伙伴们也彼此嬉闹吵嚷一番，满院春意盎然。

在河村，二月二最不可缺少的就是吃"炒豆"，也俗称炒蝎子爪。清晨，家家用糖或盐炒黄豆，称"炒糖豆"或"炒咸豆"。当然，在河村，很多农户人家多喜欢采用原先古朴的方法，选用干洁的沙土炒黄豆。在河村，"炒黄豆"主要寓意"金豆开花，龙王升天，兴云布雨，五谷丰登"，让日子和孩子多些欢乐以示吉庆。

在仪式实践之外，"炒豆"给了孩子乐趣，也给了家家户户之间增强关系维系的纽带。这一天，不论大人小孩，相遇时都要相互交换吃。孩子们更是喜欢走家穿巷，走到哪家就念叨着流传的俗语"二月二，炒蝎子爪，大娘婶子给一把"。

在河村，这一天过后，各家各户也开始张罗着忙农活了。二月二家家户户之间炒豆的相互交换，也意味着农家之间的联系以及农耕生活中大家应该在抢收农忙季节相互搭个伙，相互帮助一下。

附录四　河村黑龙爷庙会仪式实践与信仰空间

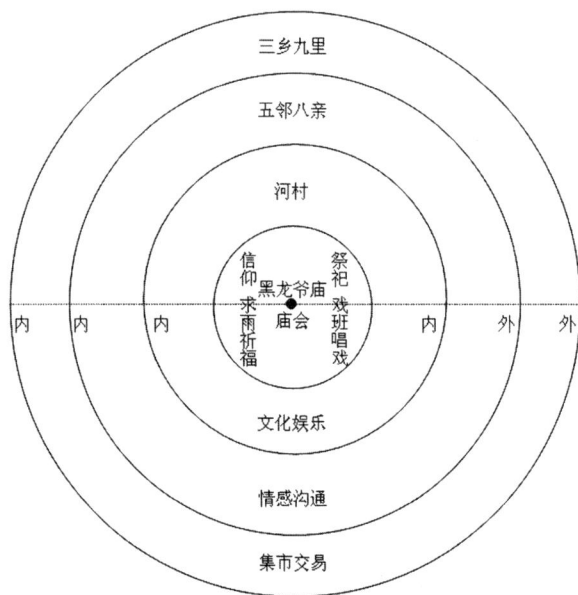

简要说明：

上图为河村水会主持操办的黑龙爷庙会仪式实践与信仰空间

图示。

黑龙爷庙成为河村以及周边邻村乡里的祭祀祈福中心，涉及的多个中心圈不仅意味着共同的信仰空间，也意味着理解河村社会生活世界的基础。

在河村，一年一度的黑龙爷庙会主要由水会轮值会首在农历五月十三开始筹备，并由各组轮值主事在各个生产队（组）按照人头敛资收粮操办，主要用于贡品、烟火、修缮和请唱戏班。河村黑龙爷庙会祭祀的仪式主要是供奉贡品、烧香作揖叩拜和社戏。在黑龙爷生日的前天六月二十三，河村家家户户都要过来烧香叩拜，主事的水会会首就要迎接贡品，并念叨一些符语以敬奉龙王。晚上，请来的戏班还要为黑龙爷单独唱神戏。第二天，为期六天的大戏就要开唱了。河村以及周围乡里的农家都会赶过来听戏，河村黑龙爷庙周边也变成了热闹的庙会。五邻八亲、三乡九里的人也都赶来送香求雨祈福，凑凑热闹，听听戏，买卖一些东西。

当然，黑龙爷庙会的戏班唱戏的祭祀和庆典，构成了河村黑龙爷庙会的主要仪式实践。事实上，请戏班为黑龙爷唱大戏庆祝其生日，河村人民主要是为了让黑龙爷开心，求其显灵降雨，保佑一年风调雨顺，有好的收成。这一定意义上，就是求雨祈福的信仰，是为了实现一些精神寄托式的交换。这也反映了河村农户日常生活中农耕生活世界与信仰世界的交错和重叠。除此之外，黑龙爷庙会生产了河村农户的文化娱乐生活世界、情感沟通互动生活世界和集市交易经济生活世界。

在河村，黑龙爷庙会祭祀求雨送香火，有着内外之分。不过，这里的内外有着相当大的弹性。一定意义上，有着差别却也都可以纳入"自家"体系。第一天，为河村内的农户，前三天多为河村邻村以及河村农家的亲戚过来，后三天主要是来自三乡九里外村和外乡镇的过来求雨祈福。俨然，祭祀圈有着差序之别。不过，这里呈现出一个地域性的共同信仰，并以黑龙爷庙为中心衍生出心理认同的信仰空间。应该说，黑龙王的民间故事和传说，不仅成为地方生产和延续的文化，也成为维系"水"信仰的源头，并经由庙会的庆典祭祀仪式和唱戏班而制造着多重的生活世界和信仰空间。

参考文献

一、著作

[1] 安东尼·吉登斯. 社会的构成：结构化理论大纲 [M]. 李康、李猛译，北京：生活·读书·新知三联书店，1998.

[2] 安东尼·吉登斯. 民族——国家与暴力 [M]. 胡宗泽、赵力涛译，北京：生活·读书·新知三联书店，1998.

[3] 安东尼·吉登斯. 现代性与自我认同 [M]. 赵旭东、方文、王铭铭译，北京：生活·读书·新知三联书店，1998.

[4] 安东尼·吉登斯. 现代性的后果 [M]. 田禾译，南京：译林出版社，2000.

[5] 安东尼·吉登斯. 社会理论与现代社会学 [M]. 文军译，北京：社会科学文献出版社，2003.

[6] 安东尼奥·葛兰西. 狱中札记 [M]. 曹雷雨、姜丽、张跃译，北京：中国社会科学出版社，2000.

［7］艾尔东·莫里斯、卡洛尔·麦克拉吉·缪勒. 社会运动理论的前沿领域［M］. 刘能译，北京：北京大学出版社，2002.

［8］埃利亚斯·卡内提. 群众与权力［M］. 冯文光译，北京：中央编译出版社，2003.

［9］奥尔特加·加塞特. 大众的反叛［M］. 张伟劼译，长春：吉林人民出版社，2004.

［10］曼瑟尔·奥尔森. 集体行动的逻辑［M］. 陈郁译，上海：上海三联书店，上海人民出版社，1995.

［11］本尼迪克特·安德森. 想象的共同体——民族主义的起源与散布［M］. 吴叡人译，上海：上海人民出版社，2003.

［12］保罗·康纳顿. 社会如何记忆［M］. 纳日碧力戈译，上海：上海人民出版社，2000.

［13］曹锦清，张乐天，陈中亚. 黄河边的中国——一个学者对乡村社会的观察与思考［M］. 上海：上海文艺出版社，2000.

［14］曹锦清，张乐天，陈中亚. 当代浙北乡村的社会文化变迁［M］. 上海：上海远东出版社，2001.

［15］曹应旺. 周恩来与治水［M］. 北京：中央文献出版社，1991.

［16］从翰香. 近代冀鲁豫乡村［M］. 北京：中国社会科学出版社，1995.

［17］曹正汉. 伶仃洋畔的村庄公社——崖口村的公社制度及其变迁［M］. 北京：中国经济出版社，2004.

［18］长野朗. 中国土地制度的研究［M］. 北京：中国政法大学

出版社，2004.

[19] 丹尼斯·朗. 权力论 [M]. 陆震纶、郑明哲译，北京：中国社会科学出版社，2001.

[20] 戴维·毕瑟姆. 官僚制 [M]. 韩志明、张毅译，第二版，长春：吉林人民出版社，2005.

[21] 邓正来，J·C·亚历山大. 国家与市民社会：一种社会理论的研究路径 [M]. 北京：中央编译出版社，1998.

[22] 邓正来. 市民社会理论的研究 [M]. 北京：中国政法大学出版社，2002.

[23] 杜赞奇. 文化、权力与国家：1900—1942 年的华北农村 [M]. 南京：江苏人民出版社，2003.

[24] 杜赞奇. 从民族国家拯救历史——民族主义话语与中国现代史研究 [M]. 北京：社会科学文献出版社，2003.

[25] 费成康. 中国的家法族规 [M]. 上海：上海社会科学院出版社，1998.

[26] 费孝通. 江村经济——中国农民的生活 [M]. 北京：商务印书馆，2001.

[27] 费孝通. 乡土中国：生育制度 [M]. 北京：北京大学出版社，1998.

[28] 费孝通. 内地的农村 [M]. 费孝通文集第 4 卷 1946—1947，北京：群言出版社，1999.

[29] 费孝通. 乡土重建 [M]. 费孝通文集第 4 卷 1946—1947，北京：群言出版社，1999.

［30］费孝通. 皇权与绅权［M］. 费孝通文集第 5 卷 1947—1948，北京：群言出版社，1999.

［31］费孝通. 禄村农田［M］. 费孝通文集第 2 卷 1938—1941，北京：群言出版社，1999.

［32］冯仕政. 再分配体制的再生——杰村的制度变迁［M］. 北京：国家行政学院出版社，2002.

［33］裴宜理. 上海罢工：中国工人政治研究［M］. 南京：江苏人民出版社，2001.

［34］弗里曼，毕克伟，赛尔登. 中国乡村：社会主义国家［M］. 陶鹤山译，北京：社会科学文献出版社，2002.

［35］郭于华. 仪式与社会变迁［M］. 北京：社会科学文献出版社，2000.

［36］哈贝马斯. 公共领域的结构转型［M］. 曹卫东译，上海：学林出版社，1999.

［37］何增科. 公民社会与第三部门［M］. 北京：社会科学文献出版社，2000.

［38］黄光国，胡先缙等. 面子：中国人的权力游戏［M］. 北京：中国人民大学出版社，2004.

［39］胡荣. 理性选择与制度实施：中国农村村民委员会选举的个案研究［M］. 上海：上海远东出版社，2001.

［40］华尔德. 共产党社会的新传统主义——中国工业中的工作环境和权利结构［M］. 龚小夏译，香港：牛津大学出版社，1996.

［41］黄宗智. 华北的小农经济与社会变迁［M］. 北京：中华书

局，2000.

[42] 黄宗智. 长江三角洲小农家庭与乡村发展 [M]. 北京：中华书局，2000.

[43] 黄宗智. 中国研究的范式问题讨论 [M]. 北京：社会科学文献出版社，2003.

[44] 黄宗智. 法典、习俗与司法实践：清代与民国的比较 [M]. 上海：上海书店出版社，2003.

[45] 黄宗智. 清代的法律、社会与文化：民法的表达与实践 [M]. 上海：上海书店出版社，2001.

[46] 黄宗智. 中国乡村研究：第 1 辑 [M]. 北京：商务印书馆，2003.

[47] 黄宗智. 中国乡村研究：第 2 辑 [M]. 北京：商务印书馆，2003.

[48] 贾春增. 外国社会学史 [M]. 修订本，北京：中国人民大学出版社，2000.

[49] 杰弗里·亚历山大. 迪尔凯姆社会学 [M]. 戴聪腾译，沈阳：辽宁教育出版社，2001.

[50] J·米格代尔. 农民、政治与革命——第三世界政治与社会变革的压力 [M]. 李玉琪、袁宁译，北京：中央编译. 出版社，1996.

[51] 居伊·奥立维·福尔，杰弗里·Z·鲁宾. 文化与谈判——解决水争端 [M]. 联合国教科文组织翻译组译，北京：社会科学文献出版社，2001.

[52] 克利福德·格尔兹. 文化的解释 [M]. 韩莉译，上海：上

海人民出版社，1999.

[53] 克利福德·吉尔兹. 地方性知识：阐释人类学论文集 [M]. 王海龙、张家宣译，北京：中央编译. 出版社，2000.

[54] 柯文. 历史三调：作为事件、经历和神话的义和团 [M]. 南京：江苏人民出版社，2000.

[55] 孔祥涛，刘平. 我看中国秘密社会——蔡少卿先生执教五十周年暨七十华诞纪念文集 [M]. 南宁：广西人民出版社，2002.

[56] 孔飞力. 叫魂：1768 年中国妖术——大恐慌 [M]. 上海：上海三联书店，1999.

[57] 孔飞力. 中华帝国晚期的叛乱及其敌人：1796—1864 年的军事化与社会结构 [M]. 北京：中国社会科学出版社，1990.

[58] 李德芳. 民国乡村自治问题研究 [M]. 北京：人民出版社，2001.

[59] 李秋香. 中国村居 [M]. 天津：百花文艺出版社，2002.

[60] 李亦园，杨国枢. 中国人的性格 [M]. 南京：江苏教育出版社，1988.

[61] 李惠斌，杨雪冬. 社会资本与社会发展 [M]. 北京：社会科学文献出版社，2000.

[62] 黎仁凯，姜文英. 直隶义和团运动与社会心态 [M]. 石家庄：河北教育出版社，2001.

[63] 梁治平. 法律的文化解释 [M]. 北京：生活·读书·新知三联书店，1994.

[64] 林端. 儒家伦理与法律文化：社会学观点的探索 [M]. 北

京：中国政法大学出版社，2002.

[65] 刘世定. 占有、认知与人际关系——对中国乡村制度变迁的经济社会学分析 [M]. 北京：华夏出版社，2003.

[66] 刘晓春. 仪式与象征的秩序——一个客家村落的历史、权力与记忆 [M]. 北京：商务印书馆，2003.

[67] 刘娅. 解体与重构：现代化进程中的"国家—乡村社会" [M]. 北京：中国社会科学出版社，2004.

[68] 陆学艺. 内发的村庄 [M]. 北京：社会科学文献出版社，2001.

[69] 罗伯特·帕特南. 使民主运转起来 [M]. 王列、赖海榕译，南昌：江西人民出版社，2001.

[70] 罗红光. 不等价交换——围绕财富的劳动与消费 [M]. 杭州：浙江人民出版社，2000.

[71] 麻国庆. 家与中国社会结构 [M]. 北京：文物出版社，1999.

[72] 马歇尔·萨林斯. 文化与实践理性 [M]. 赵丙祥译，上海：上海人民出版社，2002.

[73] 马元曦，康宏锦. 社会性别·族裔·社区发展译选 [M]. 北京：中国书籍出版社，2001.

[74] 马塞尔·莫斯. 礼物 [M]. 汲喆译，上海：上海人民出版社，2002.

[75] 马林诺夫斯基. 原始社会的犯罪与习俗 [M]. 原江译，昆明：云南人民出版社，2002.

［76］马克·赛尔登. 革命中的中国：延安道路［M］. 魏晓明译, 北京：社会科学文献出版社, 2002.

［77］毛丹. 一个村落共同体的变迁——关于尖山下村的单位化的观察与阐释［M］. 上海：学林出版社, 2000.

［78］诺曼·费尔克拉夫. 话语与社会变迁［M］. 殷晓蓉译, 北京：华夏出版社, 2003.

［79］P. R. 桑迪. 神圣的饥饿：作为文化系统的食人俗［M］. 郑元者, 译. 北京：中央编译. 出版社, 2004.

［80］皮埃尔·布迪厄. 实践感［M］. 蒋梓骅, 译. 南京：译. 林出版社, 2003.

［81］皮埃尔·布尔迪厄. 男性统治［M］. 深圳：海天出版社, 2002.

［82］P. 布尔迪约, J. C. 帕斯隆. 再生产——一种教育系统理论的要点［M］. 邢克超, 译. 北京：商务印书馆, 2002.

［83］P. 布尔迪约, J. C. 帕斯隆. 继承人——大学生与文化［M］. 邢克超, 译. 北京：商务印书馆, 2002.

［84］清华大学社会学系. 清华社会学评论：特辑 1［M］. 厦门：鹭江出版社, 2000.

［85］清华大学社会学系. 清华社会学评论：特辑 2［M］. 厦门：鹭江出版社, 2000.

［86］乔纳森·特纳. 社会学理论的结构（第六版）［M］. 周艳娟, 译. 北京：华夏出版社, 2001.

［87］渠敬东. 缺席与断裂——有关失范的社会学研究［M］. 上

海：上海人民出版社，1999.

　　[88] 钱杭. 血缘与地缘之间——中国历史上的联宗与联宗组织[M]. 上海：上海社会科学院出版社，2001.

　　[89] 钱杭，谢维扬. 传统与转型. 江西泰和农村宗族形态——一项社会人类学的研究[M]. 上海：上海社会科学院出版社，1995.

　　[90] S. 肯德里克，P. 斯特劳，D. 麦克龙. 解释过去，了解现在——历史社会学[M]. 王辛慧、江政宽、詹缘端、廖慧真等，译. 上海：上海人民出版社，1999.

　　[91] 石奕龙，郭志超. 文化理论与族群研究[M]. 合肥：黄山书社，2004.

　　[92] 施坚雅. 中国农村的市场和社会结构[M]. 北京：中国社会科学出版社，1998.

　　[93] 施坚雅. 中华帝国晚期的城市[M]. 北京：中华书局，2000.

　　[94] 孙立平. 转型与断裂：改革以来中国社会结构的变迁[M]. 北京：清华大学出版社，2004.

　　[95] 孙秋云. 社区历史与乡政村治[M]. 北京：民族出版社，2001.

　　[96] 孙津. 比较社会学引论——为了人和社会的延续[M]. 北京：北京广播学院出版社，2004.

　　[97] 孙江. 事件·记忆·叙述[M]. 杭州：浙江人民出版社，2004.

　　[98] 田仲一成. 明清的戏曲——江南宗族社会的表象[M]. 王

文勋，云贵彬，译. 北京：北京广播学院出版社，2004.

[99] 涂肇庆，林益民. 改革开放与中国社会：西方社会学文献述评 [M]. 香港：牛津大学出版社，1999.

[100] 王铭铭. 溪村家族——社区史、仪式与地方政治 [M]. 贵阳：贵州人民出版社，2004.

[101] 王铭铭. 山街的记忆：一个台湾社区的信仰与人生 [M]. 上海：上海文艺出版社，1997.

[102] 王铭铭，王斯福. 乡土社会的秩序：公正与权威 [M]. 北京：中国政法大学出版社，1997.

[103] 王铭铭. 村落视野中的文化与权力：闽台三村五论 [M]. 北京：生活·读书·新知三联书店，1997.

[104] 王铭铭. 走在乡土上——历史人类学札记 [M]. 北京：中国人民大学出版社，2003.

[105] 王笛. 跨出封闭的世界——长江上游区域社会研究（1644—1911）[M]. 北京：中华书局，2001.

[106] 万建中，周耀明. 汉族风俗史第五卷（清代后）·民国汉族风俗 [M]. 南京：学林出版社，2004.

[107] 魏特夫. 东方专制主义 [M]. 徐式谷，奚瑞森，邹如山，译. 北京：中国社会科学出版社，1989.

[108] 文崇一，萧新煌. 中国人：观念与行为 [M]. 南京：江苏教育出版社，1988.

[109] 韦森. 社会制序的经济分析导论 [M]. 上海：上海三联书店，2001.

[110] 韦森. 文化与制序 [M]. 上海：上海人民出版社，2003.

[111] 沃尔夫. 乡民社会 [M]. 张恭启，译. 台北：巨流图书公司，1983.

[112] 萧延中. 外国学者评毛泽东第二卷（从奠基者到"红太阳"）[M]. 北京：中国工人出版社，1997.

[113] 项飚. 跨越边界的社区：北京"浙江村"的生活史 [M]. 北京：生活·读书·新知三联书店，2000.

[114] 谢立中. 当代中国社会变迁导论 [M]. 保定：河北大学出版社，2000.

[115] 夏建中. 文化人类学理论学派——文化研究的历史 [M]. 北京：中国人民大学出版社，1997.

[116] 阎云翔. 礼物的流动：一个中国村庄中的互惠原则与社会网络 [M]. 上海：上海人民出版社，2000.

[117] 杨念群. 空间·记忆·社会转型——"新社会史"研究论文精选集 [M]. 上海：上海人民出版社，2001.

[118] 杨念群，等. 新史学——多学科对话的图景（上，下）[M]. 北京：中国人民大学出版社，2003.

[119] 杨懋春. 一个中国村庄. 山东台头 [M]. 南京：江苏人民出版社，2001.

[120] 杨国枢. 中国人的价值观——社会科学观点 [M]. 北京：中国人民大学出版社，2013.

[121] 杨国枢，等. 中国人的心理与行为——理念及方法篇（一九九二）[M]. 北京：中国人民大学出版社，1993.

[122] 杨雪冬. 市场发育、社会生长和公共权力构建——以县为微观分析单位 [M]. 郑州：河南人民出版社，2002.

[123] 应星. 大河移民：上访的故事 [M]. 北京：生活·读书·新知三联书店，2001.

[124] 约翰·R. 霍尔，玛丽·乔·尼兹. 文化：社会学的视野 [M]. 周晓虹，徐彬，译. 北京：商务印书馆，2002.

[125] 喻中. 法律文化视野中的权力 [M]. 济南：山东人民出版社，2004.

[126] 于建嵘. 岳村政治：转型期中国乡村政治结构的变迁 [M]. 北京：商务印书馆，2001.

[127] 詹姆斯·C. 斯科特. 农民的道义经济学：东南亚的反叛与生存 [M]. 程立显，译. 南京：译林出版社，2001.

[128] 张乐天. 告别理想：人民公社制度研究 [M]. 上海：东方出版中心，1998.

[129] 张鸣. 乡土心路十八年：中国近代化过程中农民意识的变迁 [M]. 上海：上海三联书店，1997.

[130] 张信. 二十世纪初期中国社会之演变——国家与河南地方精英 1900—1937 [M]. 北京：中华书局，2004.

[131] 张德胜. 儒商与现代社会：义利关系的社会学之辨 [M]. 南京：南京大学出版社，2002.

[132] 张一兵，等. 社会理论论丛第二辑 [M]. 南京：南京大学出版社，2004.

[133] 张其仔. 社会资本论——社会资本与经济增长 [M]. 北

京：社会科学文献出版社，2002.

[134] 赵秀玲. 中国乡里制度 [M]. 北京：社会科学文献出版社，2002.

[135] 赵旭东. 权力与公正——乡土社会的纠纷解决与权威多元 [M]. 天津：天津古籍出版社，2003.

[136] 折晓叶，等. 社区的实践——"超级村庄"的发展历程 [M]. 杭州：浙江人民出版社，2000.

[137] 郑大华. 民国乡村建设运动 [M]. 北京：社会科学文献出版社，2000.

[138] 郑起东. 转型期的华北农村社会 [M]. 上海：上海书店出版社，2004.

[139] 滋贺秀三. 中国家族法原理 [M]. 张建国，李力，译. 北京：法律出版社，2002.

[140] 钟敬文. 民俗学概论 [M]. 上海：上海文艺出版社，2000.

[141] 周锡瑞. 义和团的起源 [M]. 南京：江苏人民出版社，1998.

[142] 周晓虹. 西方社会学历史与体系：第 1 卷 [M]. 上海：上海人民出版社，2002.

[143] 周荣德. 中国社会的阶层与流动——一个社区中士绅身份的研究 [M]. 上海：学林出版社，2000.

[144] 朱国华. 权力的文化逻辑 [M]. 上海：上海三联书店，2004.

[145] 朱爱岚. 中国北方村落的社会性别与权力 [M]. 南京：

江苏人民出版社，2004.

[146] 庄孔韶，银翅. 中国的地方社会与文化变迁 [M]. 北京：生活·读书·新知三联书店，2000.

[147] 庄英章. 林圯埔——一个台湾市镇的社会经济发展史 [M]. 上海：上海人民出版社，2000.

[148] 孙葆田，法伟堂，纂. 山东通志 [M]. 上海：上海古籍出版社，1990.

[149] 朱铭. 山东重要历史事件 [M]. 济南：山东人民出版社，2004.

[150] 范县地方史志编纂委员会. 范县志 [M]. 郑州：河南人民出版社，1993.

[151] 山东省莘县地方史志编纂委员会. 莘县志 [M]. 济南：齐鲁书社，1997.

二、论文

[1] 长莉. "差序格局"的理论诠释及现代内涵 [J]. 社会学研究，2003（1）：21—29.

[2] 曹荣湘，罗雪群. 社会资本与公民社会. 一种元制度分析 [J]. 马克思主义与现实，2003（2）：70—74.

[3] 曹正汉. 市场环境中的公社制度：某村庄个案及其包含的理论问题 [J]. 社会学研究，2002（5）：71—82.

[4] 陈庆德. 农业社会和农民经济的人类学分析 [J]. 社会学研

究，2001（1）：51—62.

［5］董建辉. 传统农村社区社会治理的历史思考［J］. 中国社会经济史研究，2002（4）：92—97.

［6］杜润生. 让农民建立自己的组织［J］. 中国改革，2004（04）：13.

［7］冯珠娣，汪民安. 日常生活、身体、政治［J］. 社会学研究2004（01）：107—113.

［8］高丙中. 社会团体的合法性问题［J］. 中国社会科学，2000（02）：100—109，207.

［9］高寿仙. 略论传统中国的乡村控制与村社结构［J］. 北京行政学院学报，2001（05）：59—63.

［10］郭于华. 心灵的集体化：陕北骥村农业合作化的女性记忆［J］. 中国社会科学，2003（04）：79—92，205—206.

［11］郭正林. 中国农村权力结构的制度化调整［J］. 开放时代，2001（07）：34—40，25.

［12］郭正林. 中国农村权力结构中的家庭因素［J］. 开放时代，2002（03）：95—106.

［13］郭正林. 家族、党支部与村委会互动的政治分析［J］. 战略与管理，2002（02）：94—104.

［14］郭正林. 家族的集体主义乡村社会的政治文化认同［J］. 社会主义研究，2002（06）：97—99.

［15］贺雪峰. 论乡村社会的秩序均衡［J］. 云南社会科学，1999（03）：32—39.

［16］贺雪峰.国家与农村社会互动的路径选择——兼论国家与农村社会双强关系的构建［J］.浙江社会科学，1999（04）：97—101.

［17］贺雪峰.缺乏分层与缺失记忆型村庄的权力结构——关于村庄性质的一项内部考察［J］.社会学研究，2001（02）：68—73.

［18］贺雪峰.村庄精英与社区记忆理解村庄性质的二维框架［J］.社会科学辑刊，2000（04）：34—40.

［19］贺雪峰.乡村选举中的派系与派性［J］.中国农村观察，2001（04）：74—79.

［20］贺雪峰，仝志辉.论村庄社会关联——兼论村庄秩序的社会基础［J］.中国社会科学，2002（03）：124—134，207.

［21］贺雪峰.熟人社会的行动逻辑［J］.华中师范大学学报（人文社会科学版），2004（01）：5—7.

［22］胡荣.理性行动者的行动抉择与村民委员会选举制度的实施［J］.社会学研究，2002（02）：94—109.

［23］胡荣.中国农村居民的社团参与［J］.中共福建省委党校学报，2004（02）：26—29.

［24］金太军.村庄治理中三重权力互动的政治社会学分析［J］.战略与管理，2002（02）：105—114.

［25］金太军.新时期乡村关系冲突的成因分析［J］.南京师范大学学报（社会科学版），2002（04）：12—18，64.

［26］景军.知识、组织与象征资本——中国北方两座孔庙之实地考察［J］.社会学研究，1998（01）：7—24.

［27］兰林友. 追踪调查再研究模式：研究取向的探讨［J］. 广西民族学院学报，2004（01）：26—32.

［28］兰林友. 村落研究解说模式与社会事实［J］. 社会学研究，2004（01）：64—74.

［29］郎友兴. 民主政治的塑造政治精英与中国乡村民主［J］. 浙江学刊，2002（02）：99—106.

［30］郎友兴. 对七十二年前山东一个村庄村规民约的简要述评［J］. 中国农村观察，2003（02）：69—72，81.

［31］李培林. 巨变：村落的终结——都市里的村庄研究［J］. 中国社会科学，2002（01）：168—179，209.

［32］李远行. "造神"抑或"请神"——关于中国农村基层组织性质的探讨［J］. 学术界，2004（02）：58—65.

［33］刘继同. 从身份社区到生活社区中国社区福利模式的战略转变［J］. 浙江社会科学，2003（06）：83—88，167.

［34］刘继同. 个人主义与集体主义之争［J］. 欧洲研究，2004（01）：104—115，158.

［35］刘金海. 乡土权威与法理权威的形成及演进——湖北省武汉市徐东村观察［J］. 中国农村观察，2001（04）：59—65，81

［36］刘金海，杨晓丽. 乡村股份制改造后的国家与基层社会关系初探［J］. 中国农村观察，2003（05）：39—45.

［37］刘金海. 从农村合作化运动看国家构造中的集体及集体产权［J］. 当代中国史研究，2003（06）：104—108，128.

［38］刘铁梁. 作为公共生活的乡村庙会［J］. 民间文化，2001

（01）：48—54.

[39] 刘亚秋."青春无悔"：一个社会记忆的建构过程 [J]. 社会学研究，2003（02）：65—74.

[40] 刘义强. 选举背后的村庄生活逻辑 [J]. 中国农村观察，2004（02）：61—67，81.

[41] 刘朝晖. 社会记忆与认同建构松坪归侨社会地域认同的实证剖析 [J]. 华人华侨历史研究，2003（02）：11—18.

[42] 卢福营. 能人型村治模式的崛起和转换 [J]. 社会科学，1999（09）：59—62.

[43] 卢福营. 农村经济社会变迁与村治发展 [J]. 浙江社会科学，2002（05）：183—188.

[44] 罗兴佐. 论民间组织在村庄治理中的参与及后果——对浙江省先锋村村治过程的初步分析 [J]. 中国农村观察，2003（05）：57—63，81..

[45] 罗兴佐，贺雪峰. 乡村水利的组织基础——以荆门农田水利调查为例 [J]. 学海，2003（06）：38—44.

[46] 罗兴佐，贺雪峰. 论乡村水利的社会基础——以荆门农田水利调查为例 [J]. 开放时代，2004（02）：25—37.

[47] 麻国庆. 宗族的复兴与人群结合——以闽北樟湖镇的田野调查为中心 [J]. 社会学研究，2000（06）：76—84.

[48] 毛丹. 村落变迁中的单位化——尝试村落研究的一种范式 [J].，浙江社会科学，2000（04）：134—139.

[49] 毛丹. 后乡镇企业时期的村社区建设资金 [J]. 社会学研

究，2002（06）：72—81.

[50] 毛丹. 关于村民自治的三个难题的政治学分析 [J]. 开放时代，2003（01）：113—122.

[51] 梅志罡. 传统社会文化背景下的均势型村治——一个个案的调查分析 [J]. 中国农村观察，2000（02）：72—75，81.

[52] 纳日碧力戈. 作为操演的民间口述和作为行动的社会记忆 [J]. 广西民族学院学报，2003（03）：6—9.

[53] 潘维. 质疑"乡镇行政体制改革"——关于乡村中国的两种思路 [J]. 开放时代，2004（02）：16—24.

[54] 秦晖. "大共同体本位"与传统中国社会（上）[J]. 社会学研究，1998（05）：14—23.

[55] 秦晖. "大共同体本位"与传统中国社会（中）[J]. 社会学研究，1999（03）：50—58.

[56] 秦晖. "大共同体本位"与传统中国社会（下）[J]. 社会学研究，1999（04）：116—123.

[57] 秦晖. 传统中国社会的再认识 [J]. 战略与管理，1999（06）：62—75.

[58] 秦晖. 中国农村土地制度与农民权利保障 [J]. 探索与争鸣，2002（07）：15—18.

[59] 沈洁. 福利非营利组织在社区福利供给中的作用 [J]. 华中科技大学学报（社会科学版），2004（02）：76—81.

[60] 苏力. 解释的难题：对几种法律文本解释方法的追究 [J]. 中国社会科学，1997（04）：11—32.

[61] 苏力. 为什么"送法上门" [J]. 社会学研究，1998 (02)：47—57.

[62] 苏力. 法律社会学调查中的权力资源——一个社会学调查过程的反思 [J]. 社会学研究，1998 (06)：31—40.

[63] 苏力. 制度变迁中的行动者——从梁祝的悲剧说起 [J]. 比较法研究，2003 (02)：1—15.

[64] 孙立平，王汉生，等. 改革以来中国社会结构的变迁 [J]. 中国社会科学，1994 (02)：47—62.

[65] 孙立平. 平均主义与收入分配的结构 [J]. 开放时代，1994 (05)：4—7.

[66] 孙立平."关系"、社会关系与社会结构 [J]. 社会学研究，1996 (05)：22—32.

[67] 孙立平. 权利失衡、两极社会与合作主义宪政体制 [J]. 战略与管理，2004 (01)：1—6.

[68] 孙秋云. 村民自治与乡村社会的基层权力结构——以湖北西南部少数民族地区农村为例 [J]. 云南社会科学，2003 (01)：70—75.

[69] 唐军等. 对村民自治制度下家族问题的理论反思 [J]. 社会学研究，2004 (03)：76—81.

[70] 仝志辉，贺雪峰. 村庄权力结构的三层分析——兼论选举后村级权力的合法性 [J]. 中国社会科学，2002 (01)：158—167，208—209.

[71] 王春光，等. 村民自治的社会基础和文化网络——对贵州

省安顺市 J 村农村公共空间的社会学研究 [J]. 浙江学刊, 2004 (01): 138—147.

[72] 王明珂. 历史事实、历史记忆与历史心性 [J]. 历史研究, 2001 (05): 136—147, 191.

[73] 王铭铭. 小地方与大社会——中国社会的社区观察 [J]. 社会学研究, 1997 (01): 88—98.

[74] 王铭铭. 社会人类学的中国研究——认识论范式的概观与评介 [J]. 中国社会科学, 1997 (05): 105—120, 1.

[75] 王铭铭. 作为民间权威的地方头人——闽台两村的个案考察 [J]. 战略与管理, 1997 (06): 109—116.

[76] 王铭铭. 幸福: 自我权力和社会本体论一个中国村落中"福"的概念 [J]. 社会学研究, 1998 (01): 25—38.

[77] 王绍光, 刘欣. 信任的基础: 一种理性的解释 [J]. 社会学研究, 2002 (03): 23—39.

[78] 王朔柏, 陈意新. 从血缘群到公民化: 共和国时代安徽农村宗族变迁研究 [J]. 中国社会科学, 2004 (01): 180—193, 209.

[79] 王跃生. 华北农村家庭结构变动研究——立足于冀南地区的分析 [J]. 中国社会科学, 2003 (04): 93—108, 206.

[80] 韦森. 习俗的本质与生发机制探源 [J]. 中国社会科学, 2000 (05): 39—50, 204.

[81] 温铁军, 等. 中国大陆的乡村建设 [J]. 开放时代, 2003 (02): 29—38.

[82] 吴重庆, 单世联. 经济发展与农村社会组织关系的变

迁——南村社会调查之一 ［J］. 开放时代，1997（04）：16—27.

　　［83］吴重庆. 孙村的路——"国家——社会"关系格局中的民间权威 ［J］. 开放时代，2000（11）：4—20.

　　［84］吴理财. 村落社会与选举制度 ［J］. 社会，2000（11）：32—34.

　　［85］吴理财. 对农民合作"理性"的一种解释 ［J］. 华中师范大学学报（人文社会科学版），2004（01）：8—9.

　　［86］吴毅. 人民公社时期农村政治稳定形态及其效应——对影响中国现代化进程一项因素的分析 ［J］. 天津社会科学，1997（05）：95—102.

　　［87］吴毅. 村治中的政治人——一个村庄村民公共参与和公共意识的分析 ［J］. 战略与管理，1998（1）：96—102.

　　［88］吴毅. 宗族权威的变异与经纪模式的消解——20 世纪上半叶四川双村二重化权力形态变迁的个案研究 ［J］. 文史哲，2003（04）：48—54.

　　［89］吴毅，杨震林. 道中"道"：一个村庄公共品供给案例的启示——以刘村三条道路的建设为个案 ［J］. 江西社会科学，2004（01）：30—33.

　　［90］肖堂镖. 转型中的乡村建设过程、机制与政策分析 ［J］. 中国农村观察，2003（6）：65—74.

　　［91］徐钢，钱涛. 契约、农民利益与法治秩序——以农村土地权利现状为例 ［J］. 法学，2001（08）：15—19.

　　［92］徐晓军. 转型期中国乡村社会交换的变迁 ［J］. 浙江学刊，

2001 (4)：74—79.

　[93] 徐晓军. 转型期中国乡村社区记忆的变迁 [J]. 社会科学,
2001 (12)：48—52.

　[94] 徐勇. 论中国农村"乡政村治"治理格局的稳定与完善
[J]. 社会科学研究, 1997 (5)：33—37.

　[95] 徐勇. 浸润在家族传统文化中的村民自治——湖南省秀村
调查 [J]. 社会科学, 1997 (10)：48—51, 55.

　[96] 徐勇. 权力重组能人权威的崛起与转换——广东省万丰村
先行一步的放权改革及启示 [J]. 政治学研究, 1999 (1)：45—50.

　[97] 徐勇. 治理转型与竞争——合作主义 [J]. 开放时代,
2001 (7)：25—33.

　[98] 徐勇, 吴毅. 村治研究的共识与策略 [J]. 浙江学刊,
2002 (1)：26—32.

　[99] 徐勇. 乡村社会变迁与权威、秩序的建构 [J]. 中国农村
观察, 2002 (4)：76—79.

　[100] 徐勇. 现代国家建构中的非均衡性和自主性分析 [J]. 华
中师范大学学报 (人文社会科学版), 2003 (5)：97—103.

　[101] 闫云翔. 家庭政治中的金钱与道义：北方农村分家模式
的人类学分析 [J]. 社会学研究, 1998 (6)：76—86.

　[102] 杨善华. 家族政治与农村基层政治精英的选拔、角色定
位和精英更替——一个分析框架 [J]. 社会学研究, 2000 (3)：
101—108.

　[103] 杨善华, 刘小京. 近期中国农村家族研究的若干理论问

题 [J]. 中国社会科学, 2000 (5): 83—90, 205.

[104] 杨淑媛. 过去如何被记忆与经验: 以雾鹿布农人为例的研究 [J]. 台湾人类学刊, 2003 (2): 83—114.

[105] 姚洋. 中国农地制度: 一个分析框架 [J]. 中国社会科学, 2000 (2): 54—65, 206.

[106] 于建嵘. 利益、权威和秩序——对村民对抗基层政府的群体性事件的分析 [J]. 中国农村观察, 2000 (4): 70—76.

[107] 于建嵘. 人民公社的权力结构和乡村秩序 [J]. 衡阳师范学院学报 (社会科学版), 2001 (5): 16—20.

[108] 于建嵘. 农民有组织抗争及其政治风险——湖南 H 县调查 [J]. 战略与管理, 2003 (3): 1—16.

[109] 于建嵘. 20 世纪中国农会制度的变迁及启迪 [J]. 福建师范大学学报 (哲学社会科学版), 2003 (5): 11—16.

[110] 于建嵘. 当前农民维权活动的一个解释框架 [J]. 社会学研究, 2004 (2): 49—55.

[111] 范鹏. 中国农村市场化进程中的农民合作组织研究 [J]. 中国社会科学, 2001 (6): 63—73, 205—206.

[112] 张静. 国家与社会——结构关系变化带来新挑战 [J]. 开放时代, 1996 (6): 4—5.

[113] 张静. 政治社会学及其主要研究方向 [J]. 社会学研究, 1998 (3): 17—25.

[114] 张静. 历史: 地方权威授权来源的变化 [J]. 开放时代, 1999 (3): 21—28, 2.

［115］张静. 国家政权建设与乡村自治单位——问题与回顾 ［J］. 开放时代，2001（9）：5—13.

［116］张静. 土地使用规则的不确定：一个解释框架 ［J］. 中国社会科学，2003（1）：113—124，207.

［117］张军. 自家人、自己人和外人——中国家族企业的用人模式 ［J］. 社会学研究，2003（1）：12—20.

［118］张乐天. 公社制度终结后的农村政治与经济——浙北农村调查引发的思考 ［J］. 战略与管理，1997（1）：110—120.

［119］张乐天. 国家话语的接受与消解——公社视野中的"阶级"与"阶级斗争" ［J］. 社会学研究，2001（6）：73—85.

［120］张佩国. 土地资源与权力网络——民国时期的华北村庄 ［J］. 齐鲁学刊，1998（2）：73—85.

［121］张佩国. 传统中国乡村社会的解释学——以地权分配为透视点 ［J］. 东方论坛，2001（1）：53—57.

［122］张佩国. 私产的发育和共有的习惯——改革以来长江三角洲农民家庭财产关系的实践形态 ［J］. 东方论坛，2004（1）：1—10.

［123］张小军. 象征资本的再生产——从阳村宗族论民国基层社会 ［J］. 社会学研究，2001（3）：51—62.

［124］张小军. 象征地权与文化经济——福建阳村的历史地权个案研究 ［J］. 中国社会科学，2004（3）：121—135，208.

［125］张意. 符号权力和抵抗政治——布迪厄的文化理论 ［J］. 国外理论动态，2003（3）：30—35.

［126］张兆曙. 乡村社会交换方式变迁的双重趋势［J］. 中国农村观察，2002（2）：61—66，81.

［127］赵鼎新. 解释传统还是解读传统？——当代人文科学出路何在［J］. 社会观察，2004（6）：32—33.

［128］折晓叶. 村庄边界的多元化——经济边界开放与社会边界封闭的冲突与共生［J］. 中国社会科学，1996（3）：66—78.

［129］钟少华. 中国口述史学漫谈［J］. 学术研究，1997（5）：45—50.

［130］周尚意，龙君. 乡村公共空间与乡村文化建设——以河北唐山乡村公共空间为例［J］. 河北学刊，2003（2）：72—78.

［131］周晓虹. 1951—1958. 中国农业集体化的动力——国家与社会关系视野下的社会动员［J］. 中国研究，2005（1）：22—43，214.

［132］朱小田. 社区仪式的跨学科解读——以江南一个村落联合体庙会为中心［J］. 民俗研究，2003（2）：33—39.

［133］朱小田. 庙会仪式与社群记忆——以江南一个村落联合体庙会为中心［J］. 民族艺术，2003（3）：45—49.

［134］朱小田. 乡村史研究的社群视野［J］. 中国历史，2003（2）：66—72.

［135］朱小田. 民间记忆方式与社群关系的成长——以一个江南乡村庙会为例案的跨学科考察［J］. 史学理论研究，2003（4）：107—115，160.

［136］庄孔韶. 北京“新疆街”食品文化的时空过程［J］. 社会学研究，2000（6）：92—104.

［137］庄孔韶. 中国乡村人类学的研究进程［J］. 广西民族学院学报，2004（1）：2—16.

三、英文论著

［1］Robert R. Alford, Roger Friedland. Power of Theory：Capitalism, the State, and Democracy［M］. Cambridge：Cambridge University Press, 1985.

［2］Axelvod Robert M. The Evolution of Cooperation［M］. New York：Basis Book, 1984.

［3］Banfield E, The Moral Basis of a Backward Society［M］. Chicago：The Free Press, 1958.

［4］Duneier Mitchell. Sidewalk［M］. New York：Farrar, Straus and Giroux, 1999.

［5］Elster J. The Cement of Society［M］. Cambridge：Cambridge University Press, 1989.

［6］Faure David. The Structure of Chinese rural Society. Lineage and Village in Eastern New Territories［M］. Hong Kong：Oxford University Press, 1986.

［7］Francis L. K. Hsu. Under the Ancestors' Shadow：Kinship, Personality, and Social Mobility in Village China［M］. Columbia：Columbia University Press, 1948.

［8］Harrison L E. Underdevelopment is a State of Mind-The Latin

American Case [M]. Lanham: M d. University Press of America, 1985.

[9] Oi Jean C. State and Peasant in Contemporary China: The Political Economy of Village Government [M]. California: University of California Press, 1989.

[10] Pasternak Burton Kinship. Community in two Chinese Village [M]. Stanford: Stanford University Press, 1972.

[11] Popkin Samuel. The Rational Peasant [M]. Berkeley: University of California Press, 1979.

[12] Redfield Robert. Peasant Society and Culture [M]. Chicago: The University of Chicago Press, 1956.

[13] Rosenbaum Arthur Lewis (ed). State and Society in China. The Consequences of Reform Boulde [M]. Colo: Westview Press, 1992.

[14] Schotter Andrew. The Economic Theory of Social Institutions [M]. New York: Cambridge University Press, 1981.

[15] Wolf Arthur P. Study in Chinese Society [M]. Stanford: Stanford University Press, 1978.

[16] Seaman Gary. Temple Organization in a Chinese Village [M]. Taipei: The Orient Cultural Service, 1978.

[17] G. William Skinner. Marketing and Social Structure in Rural China: Part III [J]. Journal of Asian Studies, 1965, 24 (3).

[18] Grief A. Cultural Beliefs and Organizations of Society. A Historical and Theoretical Reflection on Collectivist and Individual Societies [J]. Journal of Political Economy, 1994, 102 (5).

后 记

还记得研究的初始，我一直思索这样一个问题：家族传统复兴之后并没有获得持续，而是家族传统又开始了新一轮的衰落，并且国家地方制度也出现了一定程度上社会控制的衰退。在这种社会背景下，乡村社会的自主性被不断地放大，又遭遇市场性观念的不断渗透，这已经改变了原有的乡村社会性质。那么乡村社会秩序又是如何可能的呢？于是，二〇〇二年五月，我开始了在华北河村进行至今的一项田野研究。河村是我生活了十五年的故乡。十五岁时，我开始了从县城到省城再到大都市的城市生活。显而易见，回到河村和进入河村是本书中心个案开始的两个问题。无须解释，回到河村，我作为"村里人"是被河村人接纳的。因为我们之间拥有一种天然的信任。然而，进入河村，我作为"研究者"是不被河村人理解的。按当地的讲法，他们说我念书念那么高，现在倒来研究村里人怎么"过日子"。显而易见，他们所熟悉的日常生活在他们看来都是微不足道的。其实，那时我很想告诉他们，他们是河村历史的书写者。我的工作就是把他们书写的生活故事、日常历史和地方文化记录下来。

　　我在河村通过当地的方式，"隔三岔五"地去"串串门""闲聊聊"，久而久之，他们倒也习惯了，不再对我"穷追猛打"般地声讨了，尽管他们还是不理解我为什么也那般"穷追猛打"地追问他们村里前前后后的琐事细节。进入河村，我在零乱的片言碎语中迷失了，作为"研究者"的我成了问题。我所面对的河村生活既是熟悉的又是陌生的。列维-斯特劳斯说过，要在历史的垃圾箱中淘金。而当我在我捉摸河村正在和过往发生的日常生活中的平凡小事背后的意思时，我却显得捉襟见肘、大惑不解。我似乎走入复杂的迷宫，没有方向。等我结束田野作业时，我才豁然顿悟，不是所有的事件和行为都有社会的投影。此刻，我想起赵汀阳先生说过的话，如果所有琐事都有意思的话，人类学家在累死之前就疯掉了。零零碎碎和抽离于生活的资料只会让我更困惑。田野作业中我的日常体验以及我所感知的河村村民的体验，却让我发现了很多扇透着光线的窗户。

　　"我们是从历史中捡破烂的人，我们在历史的垃圾箱中寻找我们的财产"[1]，这是克劳德·列维-斯特劳斯在一次会议上的发言。历史人类学为我们通过寻找和理解"集体无意识"来发现社会生活世界提供了可能。家庭联产承包责任制的推行意味着集体化时代结束。集体化时代结束后的乡村社会生活发生了重大的改变，为我们所熟知的就是农民的积极性被调动起来，农民生活水平大幅提高。然而，

————————

[1]　＼［法＼］埃里蓬著，袁文强译：《今昔纵横谈：克劳德·列维-斯特劳斯传》，北京大学出版社，1997年版，第155页。

在田野调查中我发现了在河村，与那个时代同行的还有他们在当时社会经济制度条件下家庭个体化农耕生活的困难。并且，这样的困难还持续了一段时期。在这段时期里，家族意识开始复苏，并且河村围绕着龙王庙的重建促成了河村水会的并建。在了解清楚整个事件后，我有了意外的发现，那个时期互助合作导向的集体行动又回归了。经过深入细致的田野作业，那个意外的兴奋很快就消退了。因为，我发现那时围绕河村水会的互助合作式集体行动与国家主义时期的人民公社式集体合作已经南辕北辙了。

因缘于此，我选择了"个人的历史"和"社会的切片"，通过田野作业中关键线索人物的口述史资料，寻找到理解这样一个问题的思路。口述史是真实的吗？一个人的讲述可信吗？鉴于这样的思考，我选择了群体的记忆。通过多个具有同样生活和经历背景的个人的讲述，我所做的就是来来回回在他们所说的同一件事情上进行验证，以及成为他们故事的转述者而已。同样，书面的历史为我们提供了一个区域性和制度性的参照线索，这必然是无法舍弃而绕过去的。我在河村寻找了20余位亲身经历和参与的关键信息提供者，他们作为我田野作业的线索人物，也成为我口述生活史的对象。

至于写作，我深深体会到黄宗智先生的告诫："从最基本的史料中去寻找最新的概念，然后再不断地回到史料中去验证，提炼自己的假设。"① 我也一直努力跨越中国式学术训练对自己的影响。然而，我认为中国的学术传统"工阐释，薄验证"，更多强调的是个体的体验而不是群体的经验，以及强调个人的自圆其说而不是真实的

---

① 黄宗智：《华北的小农经济与社会变迁》，中华书局2000年版，第2页。

现实积累。我在本书中所使用的概念虽然来自经验中的提炼和积累，但其验证则还是受限于河村这样一个中心个案。固然，河村这样一个个案不是孤立的。但是，能否推及和扩展到更大的区域甚或整个中国，显然这也超越了本书的目标。

本书只是围绕河村集体化运动结束后，1978 至 1987 这十年的社会切片，所展开的研究。其实，围绕乡村人们是如何生活的这样一个问题，结合乡村社会自主性研究的这条路，去发现中国乡村社会所发生的变化，对于我而言，本书只是一个开始。

最后需要说明的是，按照王铭铭先生所讲，"知道分子"所写的东西需要与前人的东西"前后贯通"，我们"创造"的通常是被"教"出来的。我想，窥见学问之道，盱衡治学之史，这就是说"知道分子"的目的在于彼此之间的"对话"和"批评"。应该讲，本书作为忠于田野的书写，也是"对话"后知识再生产的结果。作为对于我国集体化时代结束之后乡村社会生活的变革所做考察的一个社会切片，本书尚存有诸多疏漏和不足。

因此，恳请同仁予以批评。凡有"教"于我者，我愿诚心受教。这也当是本书出版的目的所在。

李正东

2021 年 12 月于上海